생각 망치

Copyright © Takafumi Horie 2019
Translation copyright © Jeong-hwan, Kim 2025
All rights reserved.
First published as 多動力 (TADORYOKU) in Japan by Gentosha, Inc.,
Tokyo, in 2019.
This Korean edition arranged with Gentosha, Inc.,
through Japan Creative Agency Inc. and BC Agency.

이 책의 한국어판 저작권은 BC에이전시를 통해 저작권자와 독점계약을 맺은
㈜콘텐츠그룹 포레스트에 있습니다. 저작권법에 의해 한국 내에서 보호를
받는 저작물이므로 무단전재와 복제를 금합니다.

생각 망치

낡은 생각을 부술 때
시작될 삶의 변화

호리에 다카후미
김정환 옮김

포레스트북스

들어가는 글

　나는 우리 모두에게 지금 가장 필요한 건 '생각 망치'라고 확신한다. 이 망치로 가장 먼저 부수어야 하는 것이 틀에 박힌 '고정관념'이다. 망치란 단어를 차용한 것은 단순히 남과 '다르게' 생각하란 의미가 아니기 때문이다. 기존의 사고를 '부수자'는 뜻이다. 본격적인 이야기에 앞서, 만약 남들처럼 집을 사고, 남들처럼 그럴싸한 직장에 들어가 적정한 삶을 사는 목표를 바꿀 생각이 없다면 이 책은 읽지 않아도 된다.

그 첫 번째로, 나는 계획적이고 순리대로 성실하게 살아야 한다는 관점부터 먼저 부수려 한다. 이를 부수고 나면 자연스럽게 '다동력多動力'을 이해하게 될 것이다. 이 다동력이 내가 이 책에서 가장 강조하는 무기이다. 다동력이란 말 그대로, 각기 다른 여러 가지 일을 동시에 처리해내는 힘을 의미한다. 그러나 다동력을 지닌 사람은 관심의 대상이 끊임없이 변화하는 까닭에 산만하기 짝이 없다. 잊어버리기 일쑤, 잃어버리기 일쑤, 때로는 주의를 게을리하다 다치기도 한다. 해야 할 일은 제쳐놓고 자신이 하고 싶은 일만 한다. 일례로 테슬라의 CEO인 일론 머스크는 옷을 입을 때 애를 먹는다고 한다. 옷을 입는 도중에도 다음에 하고 싶은 일이 머릿속에 계속 떠올라서 단추를 잠그지 못한다는 것이다. 텔레비전이나 장난감에 정신이 팔려 옷을 갈아입지 못하는 세 살배기 어린아이를 연상시키는 사례다.

과거에는 한 가지 일에 몰두하려 하지 않고 여러 가지 일을 벌이는 게 부정적으로 보였을지도 모른다. 어쩌면 지금 이 책을 읽고 있는 여러분 역시 그렇게 생각할지도 모른다. 이런 태도를 업무에 활용할 수 있는 상황은 많지 않았고, 기존의 룰과 다르게 행동하는 사람은 조금 이상한 사람으로 취급받았다. 그러나 앞으로의 시대에서는 이런 생각을 부숴버려야 한다. 한 우물만 파는 게 성실함의 지표이며, 그런 사람들만이 성공할 수 있다는 믿음을 완전히 깨버려야만 한다. 이런 시도야말로 기존의 삶을 뒤바꾸는 시발점이 될 것이다. 이 책에서 그 이유를 설명하려 한다.

도쿄대학에 재학 중이던 1996년에 유한회사 온더에지를 설립한 나는 인터넷이 지닌 무한한 가능성을 실감했다. 온더에지는 창업 첫해부터 《석간 후지》와 후지필름의 웹사이트를 관리하는 일뿐만 아니라 어도비 사이트 리뉴얼과 음악 프로듀서의 웹사이트 제작 및 광고회사의 전자 연하장 제작에 이르기까지 업계를 초월해 온갖 일감을 수주했다.

그리고 동시에 "그런데 호리에 씨는 이 일에 대해서 어떻게 생각하나요?"라는 질문을 수시로 받게 되면서 어느덧 반쯤 경영 컨설턴트가 되어갔다. 이 무렵부터 마음속에는 언젠가 인터넷이 모든 산업을 수평적으로 연결해 온갖 업무의 메인 시스템이 되리라는 확신이 자리 잡기 시작했다.

그 이유는 인터넷이 '수평 분업형 모델'을 기반으로 운영되기 때문이다. 이에 반해 텔레비전 방송 산업은 '수직 통합형 모델'의 대표적인 사례다. 방송국은 프로그램 기획과 제작부터 송출까지 전 과정을 수직적으로 통합해 운영한다. 리모컨만 봐도 알 수 있듯, 채널 수는 제한되어 있고 소수 방송국이 과점하는 구조이기 때문에 혁신이 일어나기 어렵다.

그러나 인터넷에서는 전화, 페이스북, 동영상, 게임, 전자책 등이 모두 애플리케이션이라는 하나의 층위에 나란히 존재한다. 이 세계에서는 2~3년 단위로 주요 플레이어가 교체될 만큼 치열한 경쟁이 펼쳐진다. 그리

(2004년 2월 시작된 일본의 소셜 네트워크 서비스 - 옮긴이)와 모바게Mobage(2006년 2월 시작된 휴대전화용 포털사이트 겸 소셜 네트워크 서비스 - 옮긴이)가 위세를 떨치던 시절은 벌써 먼 과거처럼 느껴진다. 지금은 라인LINE이나 메르카리(일본의 중고 거래 플랫폼 - 옮긴이)가 일상 한가운데에 자리 잡았고, 1년 후에는 또 다른 새로운 애플리케이션이 등장할 것이다. 바로 이런 환경이기에 인터넷의 세계에서는 끊임없는 개량이 일어나며 소비자에게 더 나은 제품과 서비스가 제공된다.

내가 약 20년 전부터 확신했던 것처럼 본래는 전혀 무관해 보이던 산업들이 인터넷을 통해 연결되기 시작했다. '사물인터넷IoT'이라는 말을 들어본 적이 있을 것이다. 말 그대로 온갖 '사물'이 인터넷과 연결된다는 뜻이다. 한 조사에 따르면 2014년 기준 인터넷에 연결된 단말기 수는 약 38억 개였으나 2020년 이후에는 200억 개를 넘어섰다고 한다. 즉 텔레비전 같은 가전제품은 물론, 자동차나 집까지도 모두 인터넷과 연결되고 있다는 의미다. 결국 모든 산업이 수평 분업형 모델로 재편되며 그 사이를 가로

막던 '장벽'은 점차 무너지고 있다.

텔레비전이 인터넷과 연결되면, 텔레비전은 스마트폰 속 애플리케이션 중 하나가 되어 전화나 페이스북과 같은 층위에서 경쟁하게 된다. 후지TV의 라이벌은 니혼TV가 아니라 애인에게서 오는 LINE 메시지가 되는 것이다. 또한 자동차가 인터넷과 연결되어 자율주행이 발전하면 자동차의 형태도 달라진다. 어쩌면 단순히 이동하는 '의자'가 될지도 모른다. 그렇게 되면 자동차 업계와 인테리어 업계를 가로막던 경계도 사라진다.

이처럼 산업 간의 장벽이 허물어지는 시대에는 각 업종을 자유롭게 넘나드는 '월경자越境者'가 필요한 인재상으로 떠오른다. 그런 월경자에게 가장 필요한 능력은 끊임없이 기존의 생각을 부수는 능력, 그리고 자신의 관심사를 옮기고 확장해나가는 다동력이다.

내가 이 책을 쓰게 된 계기는 겐토샤 출판사의 편집자인 미노와 씨가 "호리에 씨만큼 '다동력'을 지닌 사람은 없으니 그 진수를 독자들에게 알려주세요"라고 제안해준 것이었다. 혹시 이 책을 통해 나라는 사람을 처음 접하는 독자도 있을 테니 내가 보낸 어느 일주일의 일상을 간단히 소개해보려 한다.

월요일

아침부터 호리에 다카후미 이노베이션 대학교(호리에 다카후미가 만든 회원제 커뮤니케이션 라운지. 이하 'HIU')의 법인 회원 컨설팅 → 기후현으로 가서 경영자 단체 강연회 → 기후현에서 신오사카 역으로 이동 → 효고현의 미타시로 이동해 맛있는 전통식 요리점, 벽돌 오븐 피자집, 그리고 이웃 가게의 마파두부를 먹음 → 또 다른 곳으로 술을 마시러 갔다가 아리마 온천에 숙박.

화요일

신고베 역에서 시나가와로 → 애플리케이션 '755'의 정례회 → 주점 호리에몽 채널 생방송. 게스트는 록밴드 GLAY의 리드보컬 TERU 씨와 오사카 출신의 사업가 오다 요시오 씨 → 만화 HONZ의 정례회 → 초밥집에서 저녁 → 밴카라(밴드가 직접 연주해주는 노래방)로 이동.

수요일

만화 편집자들과 미팅 → 투자가와 미팅 → HIU의 법인 회원 미팅이 두 건 연속 → 호리에몽 채널의 생방송. 게스트는 여고생 사장으로 유명한 시이키 리카. 맛집 검색 서비스 데리야키의 프리미엄 초밥 모임 → 긴자에서 식사 → 니시아자부의 바 → 밴카라로 이동.

목요일

데리야키 애플리케이션의 미팅 → HIU의 법인 회원 컨설팅 → 긴자의 미용실 → 호리에몽 채널 생방송 → 저녁은 소바 풀코스 → 술집에서 1차만 하고 만화가&뮤지션 팀과 함께 밴카라로 이동.

금요일

키친 스튜디오에서 와규를 세계에 알리기 위한 유닛인 와규마피아의 상가로프 이벤트용 망고떡 시식회 → 이벤트 니코니코 초회의에 참석. 페이스페인팅 코너에서 가부키 배우 분장을 하고 호리에몽 채널 생방송 → 언론 부스에서 게스트로 출연 → 초가부키 센본자쿠라 관람 → 30분 동안 러닝 → 이탈리아 요리점에서 저녁 → 하네다 공항에서 싱가포르로 이동.

토요일

싱가포르의 창이 국제공항에 도착. 호텔에 체크인한 뒤 마리나 베이의 골프장으로 → 와규마피아의 촬영과 남인도 요리. 와규마피아 XO를 개최하고자 주방으로 → 멕시코 요리점에서 뒤풀이.

일요일

치킨라이스 식당 → 다리 마사지 → 와규마피아의 와규 이벤트 → 술 → 2차는 클럽으로.

월요일

창이 국제공항에서 하네다로. 도착하자마자 미팅이 한 건 → 밤에는 신주쿠쓰나하치 쓰노하즈안에서 튀김 요리 → 밴카라에서 밤늦게까지 노래.

이 일주일은 내게 특별할 것 없는 그저 평범한 한 주일이었다. 내가 보내는 메일 매거진을 구독해본 사람이라면 알겠지만 나는 매주 일기를 쓰고 있고 이런 하루하루가 반복된다. 그래서 나조차도 내 직함이 정확히 몇 개인지, 어떤 프로젝트에 관여하고 있는지 제대로 파악하지 못할 정도다.

내 일상에는 업계의 경계란 없다. 모든 것이 자유롭게 섞여 있고, 덕분에 덧셈이 아닌 '곱셈'의 시너지로 완전히 새로운 서비스와 제품들이 끊임없이 탄생하고 있다. 이 책을 통해 내가 가진 원동력의 모든 것을 공개하려 한다. 시대는 이미 크게 변했고 지금 이 순간에도 계속 변화하고 있다. 그럼에도 아직 많은 이가 '한 가지 일을 오래 한다', '성실하게 일한다'는 전통적인 가치관에서 벗어나지 못하고 있다. 요즘은 조금 나아졌지만 불과 몇십 년 전만 해도 이직은 불성실함으로 여겨졌고 일명 '엉덩이가 가벼운 사람'은 존중받지 못했다.

이제는 다르다. 이 책을 통해 여러분이 가진 기존의 관점과 고정관념을 근본부터 바꿔보길 바란다. 그리고 각 꼭지의 마지막에는 'KEY POINT'를 정리해두었다. 책을 수백 권 읽는다고 해도 읽기만 한다면 현실은 단 1밀리미터도 달라지지 않는다. 한 가지라도 좋으니 읽고 난 뒤에 바로 실천해보길 바란다.

일본에서는 야구의 이치로 선수나 축구의 미우라 가즈요시 선수처럼 한 가지 일을 꾸준히 이어가는 태도를 아름답게 여긴다. 반면 AC 밀란에서 활약했던 혼다 케이스케 선수가 구단 경영이나 교육 사업에 참여하면 "본업을 소홀히 한다"라는 비판을 받는다. 물론 이치로나 미우라 선수의 삶의 방식을 부정하려는 건 아니다. 하지만 다시 한번 말하고 싶다. 지금은 산업과 산업 사이의 장벽이 모두 무너져 내리고 있는 시대다. 그런 시대에 단 하나의 일에만 집중하겠다는 고정관념은, 특별한 재능이 없는 이들에게는 더 이상 현명한 선택이 아니다. 그렇게 해서는 새로운 가치를 창조하기 어렵다.

나는 여러분이 기존의 틀을 깨고 자신이 진심으로 흥미를 느끼고, 좋아하고, 빠져들 수 있는 무언가에 과감하게 몰두해보기를 바란다. 그것이 수익으로 이어지든 이어지지 않든, 지금 단계에선 중요하지 않다. 타인의 시선도 개의치 말길 바란다. 이유 없이, 목적 없이, 그저 '하고 싶어서' 하는 몰입. 그 몰입 속에서 완전히 무관해 보였던 것들 사이에 연결이 생기고, 곱셈의 시너지가 발생하며 새로운 아이디어와 발상이 탄생할 것이다. 그런 경험이 여러분에게도 꼭 생기길 바란다.

현재 나는 기업인이자 투자자이며, 작가이자 방송인이고 평론가이며, 동시에 우주 사업까지 하고 있다. 나조차도 내가 정확히 몇 가지 일을 하고 있는지 파악하지 못할 정도다. 이 책은 그런 내가 혼신을 다해 쓴 책이다. 이 책이 여러분의 인생을 조금이라도 바꿀 수 있다면 그보다 기쁜 일은 없을 것이다.

호리에 다카후미

차례

들어가는 글 ········· 4

1장
한 가지에 집중한다는 낡은 생각을 부숴라

01 제대로 배워야 한다는 착각 ········· 25
성실하게 훈련한다는 고정관념에서 벗어나라

02 지금 가진 명함은 휴지통에 버려라 ········· 31
대신할 사람이 있는 한 연봉은 오르지 않는다

2장
성실함의 세뇌에서 벗어나라

03 아직도 완벽주의의 함정에 빠져 있는 당신에게 ·············· 41
  일류는 힘을 조절할 줄 안다

04 "더 배우고 시작해야지"라고 생각한다면 이미 늦었다 ··· 46
  상위 1퍼센트만 실천하는 성공 법칙

05 애쓰지 않아도 잘되는 삶의 기술 ·· 52
  직접 해야 한다는 선입견을 버리면 보이는 것

3장
잃어버린 집중력은 다시 찾지 마라

06 한 가지 일에 아주 극단적으로 빠져들어라 ························ 61
  강한 몰입은 재능이다

07 실은 집중력 부족이 아닌 강점인 이 성향 ·························· 66
  쉽게 싫증내는 것은 부정적 행동 패턴이 아니다

4장
타인을 신경 쓰는 동안 자신의 시간은 사라진다

08 '이런 일' 하는 사람은 절대 성공 못한다 ········· 75
설레지 않는 일에 시간을 낭비하지 마라

09 전화를 거는 사람은 피하는 게 좋다 ········· 80
기술의 진보에 역행해 타인의 시간을 빼앗는 부류

10 회의 시간에는 스마트폰을 들여다보자 ········· 86
남을 신경 쓰는 동안 사라지는 것은 나만의 시간

11 잘되기 위해서는 잘 끊는 법도 알아야 한다 ········· 91
상대하지 않을 사람을 구분할 것

12 끊어내지 않으면 계속 소모될 것이다 ········· 95
덜 중요한 일에 중요한 자기 자신을 쓰지 마라

13 당신이 만든 콘텐츠가 타인의 시간을 뺏기 전에 ········· 100
쓸데없는 시간을 견디지 못하는 시대

5장
관성대로 하지 마라, 반골 기질을 깨워라

**14 세상은 '원액'을 만드는 사람과
'희석'하는 사람으로 나뉜다** ········· 107
내가 쉬는 동안에도 일할 분신을 만들어라

15 교양이 없으면 뿌리 얕은 나무처럼 흔들린다 ········· 112
삶의 진정한 무기가 되는 꾸준한 학습

16 모르는 것은 창피한 일이 아니다 ········· 117
세상에 쓸모없는 궁금증은 없다

17 일 잘하는 사람은 질문이 뾰족하다 ········· 122
원하는 답을 얻는 질문을 던져라

18 "회의합시다" 이 말이 회사를 망친다 ········· 127
회의의 99퍼센트는 필요 없다

6장
세상의 평균이라는 함정에 빠지지 마라

**19 당신이 바쁜 것은 무의미한 일에
　 많은 시간을 쓰기 때문** ············· 137
　모든 업무는 스마트폰으로 해결할 수 있다

20 업무 메일에 안부 인사를 쓰지 말아야 하는 이유 ········· 141
　중요한 건 업무의 속도가 아닌 리듬

21 의외로 바쁜 사람일수록 답신이 빠르다 ····················· 146
　일이 많아서 일이 정체된다는 어리석은 착각

22 마감 기한을 지키는 단 하나의 방법 ·························· 152
　주어진 조건 속에서 최대한의 효율화를 꾀할 것

23 회식은 하루 한 번이라는 고정관념을 버려라 ·············· 156
　평균값에 안 맞는 게 정답일지도 모른다

24 하루 중 절대 줄여서는 안 되는 이 시간 ····················· 161
　삶의 질을 가장 크게 좌우하는 이것

25 지금 당신에게 가장 스트레스를 주는 것은 무엇인가 ···· 166
　하고 싶은 말을 하고, 먹고 싶은 것을 먹는다

7장
눈치 보지 않고 흔들리지 않는 멘탈을 키워라

26 과거의 부끄러운 기억이 있는가, 남들은 다 잊었다 ······ 175
　　단언컨대 아무도 여러분에게 관심이 없으니

27 일단 저지르는 실행력을 가진 사람 ································· 180
　　지나친 준비와 생각이 행동을 막는다

8장
결국 인생에 목적 따위는 필요 없다

28 영원히 어린아이처럼 살 것 ·· 189
　　인간은 새로운 것에 흥미가 사라졌을 때 늙는다

29 가진 돈은 몽땅 쓰고 가진 것은 전부 버려라 ················· 194
　　자산이 오히려 삶을 망친다

30 하와이에 별장 따위 갖지 마라 ······································ 200
　　예측 가능한 행복을 추구하는 인생은 따분하다

31 인생에 목적 따위는 없다 ·· 205
　　지금을 즐기는 것만이 전부이기에

나가는 글 ·· 210

한 가지에 집중한다는 낡은 생각을 부숴라

01

제대로 배워야 한다는
착각

성실하게 훈련한다는 고정관념에서 벗어나라

여전히 어떤 이들은 기술이나 학업을 끊임없이 갈고 닦는 일 혹은 조직 안에서의 안정적인 말단 생활을 참고 견디는 삶을 미덕이라 여기고 그 모습을 아름답게 포장하곤 한다. 그러나 이 책을 읽고 있는 여러분만큼은 그런 공허한 환상에서 깨어나길 바란다.

예전에 엑스(트위터)에 '초밥 장인이 되려고 몇 년씩 수련하는 것은 멍청한 짓'이라는 글을 올렸다가 크게 논란이 된 적이 있다. 그러나 미래를 책임질 젊은이가 단지 달걀말이 하나를 만들기 위해 몇 년씩이나 시간을 낭비하는 모습을 그저 지켜보고만 있을 수는 없는 노릇이다.

정보 전달의 수단이 한정되어 있었던 시대에는 초보자가 어떻게 해야 밥을 맛있게 지을 수 있는지 알 길이 없었고, 생선의 맛을 최대한으로 이끌어내는 방법 같은 것도 오직 프로만이 알고 있는 전매특허였다. 그렇기 때문에 그런 전통 기술이나 정보를 얻으려면 귀중한 정보를 가진 스승 밑에 제자로 들어가 고된 허드렛일을 묵묵히 감내할 수밖에 없었다.

인터넷이 등장하기 전에는 일부 사람만이 기술이나 정보를 독점했고 그 자체가 곧 가치였다. 그러나 오늘날은 '오픈 이노베이션'이 기본 전제다. 예를 들어 누군가가 새로운 프로그램 코드나 도구를 만들면 그것을 공개하고, 다수가 함께 개량하거나 새로운 조합을 고민함으로써 더 나은 결과물을 창출한다. 이것이 바로 오픈 이노베이션인데 정보나 권리를 독점하는 것과는 정반대의 발상이다. 발명이란 완전히 무無에서 탄생하는 것이 아니다. 세계 어딘가에서 새로운 발명이 나오면 이를 즉시 공유하고, 그 위에 또 다른 발명을 쌓아 올리는 편이 기술 진화의 속도를 훨씬 더 빠르게 만든다.

프로그래머의 세계에는 "굳이 바퀴를 다시 발명하지 마라Don't reinvent the wheel"는 유명한 말이 있다. 간단히 말하면 이미 바퀴라는 편리한 도구가 존재하는데, 굳이 처음부터 자신의 힘으로 바퀴를 개발하는 것만큼 시간과 노력을 낭비하는 일은 없다는 의미다. 예를 들면 유명한 초밥 장인이 운영하는 가게에 굳이 제자로 들어가서 긴 시간을 수련에 허비하는 사람은 '바퀴의 재발명'을 하고 있는 셈이다.

실제로 오사카에 있는 스시 치하루를 운영하는 쓰치다 히데노부 점장은 그런 번거로운 과정을 거치지 않았다. 대신 전문학교에서 단 3개월 만에 초밥 만드는 법을 익혔고, 가게를 연 지 불과 11개월 만에 『미쉐린 가이드 교토·오사카 2016』에서 빕 그루망(합리적인 가격에 훌륭한 음식을 제공하는 친근한 분위기의 요리점 -옮긴이)으로 선정되었다. 결국 일류 음식점이 되는 데 필요한 정보와 기술은 이제 짧은 교육과 실전만으로도 충분히 습득할 수 있는 시대가 된 것이다.

정보의 독점은 초밥 업계만의 이야기가 아니다. 과거에 불고기 가격이 이상할 정도로 비쌌던 이유는 무엇일까? 그것은 식육 업계가 장인 조합과 같은 폐쇄적 구조로 되어 있었던 탓이다. 고기 써는 법은 조합 안에서만 전수되었고, 그것을 배우기 위해선 수년간 묵묵히 버티는 수밖에 없었다. 그러나 프랜차이즈 체인 규카쿠 그룹을 창업한 니시야마 도모요시 씨는 젊은 시절에 맥도날드에서 아르바이트를 할 때 햄버거 만드는 방법이 시스템적으로 매뉴얼화되어 있는 데 크게 감명받아 '이 시스템을 불고기 가게에 활용하면 어떨까?'라는 아이디어를 떠올렸다고 한다.

나도 와규를 세계에 알리기 위해 '와규마피아'라는 유닛을 만들어봐서 잘 알지만 와규를 써는 것은 결코

쉬운 작업이 아니다. 와규는 엄청난 양의 지방으로 덮여 있는 까닭에 그것을 깔끔하게 떼어내 근육과 분리시켜야 한다. 휠레의 일부에는 샤토브리앙이라고 부르는 희소 부위가 있으며 그 밖에도 다양한 부위가 있다. 이러한 부위를 하나하나 깔끔하게 분리해 손님에게 제공할 수 있는 수준으로 만드는 방법은 시중에 거의 알려지지 않았다. 그런데 니시야마 씨는 아는 사람만 알던 이 기술을 매뉴얼화했다. 아르바이트생이라도 고기를 썰 수 있도록 만들어 인건비를 크게 절감한 것이다. 이것이 맛있고도 저렴한 고기를 제공할 수 있었던 규카쿠의 성공 비결이다.

그러므로 "3년 동안 참고 허드렛일을 하면 기술을 가르쳐주겠다"라고 말하는 스승 밑에서 일하는 것은 귀중한 시간을 스스로 낭비하는 일이다. 다시 한번 말하지만 정보 자체에는 이제 더 이상 가치가 없다. 아직도 변화하지 못한 전통적 산업에도 곧 오픈 이노베이션의 물결이 밀려올 것이다. 그 뒤에는 단순한 정보 습득이 아닌 일단 도전하고 보는 행동력과 아이디어를 진화시키는 힘이 요구된다. 따라서 여러분의 귀중한 시간을 그저 '정보를 얻기 위한 준비'에 쓰지 마라. 오픈 이노베이션은 정보 자체의 가치를 '제로'로 만들 테니까.

KEY POINT

» 자신이 맡고 있는 프로젝트를 종이에 전부 적어보자. 혹시 누군가가 이미 발명한 기술이나 노하우를 처음부터 만들어내려 하고 있지는 않는가?
» 여러분 자신만이 할 수 있는 혁신적인 일을 하고 있는가?
» 스승이나 상사에게 가르침을 구하기 위해 허드렛일을 하거나 기술을 쌓고 있다면 빨리 독립하는 편이 훨씬 낫다.
» 일단 시작해버리면 필요한 지식이나 노하우는 자연스럽게 터득하게 된다.

② 지금 가진 명함은 휴지통에 버려라

**대신할 사람이 있는 한
연봉은 오르지 않는다**

허드렛일까지 감내하며 기술을 익히려는 태도처럼 여전히 많은 사람이 '정년까지 한 가지 직업에 매진하는 것이 옳다'는 환상에 사로잡혀 있다. 이 또한 부숴버려야 한다.

대다수가 영업이면 영업, 시스템 엔지니어면 시스템 엔지니어처럼 단 하나의 직함만으로 직장인으로서의 삶을 끝낸다. 하지만 이런 방식으로는 수평 분업을 통해 산업 간의 장벽이 무너지고 있는 지금 시대에 여러분의 가치를 높일 수 없다. 결국 '기타 등등'으로 정리되는 평범한 일원이 될 뿐이다. 안타깝게도 누구나 쉽게 대체할 수 있는 존재라면 급여도 오르지 않을 것이다. 다이아몬드가 가치를 지니는 건 단지 외형이 아름다워서가 아니라 구하기 힘든 희소성이 있기 때문이다.

여기서 주식회사 리쿠르트의 펠로였던 후지와라 가즈히로 씨가 제창한 '레어 카드'가 되는 방법을 소개하겠다. 먼저 1만 시간 동안 한 가지 일에 몰두하면 누구나 '100명 중 한 명' 수준의 인재가 될 수 있다. 1만 시간이라고 하면, 하루에 여섯 시간을 투자했다고 가정했을 때 약 5년이 걸린다. 즉 5년 동안 한 분야에 집중하면 그 분야에서 특출한 존재가 될 수 있다는 뜻이다.

그다음이 중요하다. 이 시점에서 관심 분야를 바꿔서, 또 다른 영역에 1만 시간을 투자한다면 무슨 일이 일어날까? '100명 중 한 명'×'100명 중 한 명'='1만 명 중 한 명'의 존재가 될 수 있다. 이것만으로도 이미 희소한 인재로 인정받을 수 있다. 그런데 여기에서 한 걸음 더 나아가, 완전히 다른 분야에 다시 1만 시간을 투자하면 '100명 중 한 명'×'100명 중 한 명'×'100명 중 한 명'='100만 명 중 한 명', 그야말로 레어 카드급 인재가 탄생한다. 이 수준까지 오르면 여러분의 가치와 수입은 비약적으로 상승한다.

회사원으로서 지금까지 1만 시간 동안 영업 활동을 했다거나 1만 시간 동안 경리 업무를 맡아서 일해온 사람은 이미 '100명 중 한 명'의 인재지만 안타깝게도 그 상태로는 여전히 평범한 사람에 머무를 수밖에 없다. 그러나 여기에 완전히 다른 직함을 하나만 더 추가한다면 이야기는 달라진다. 가치는 '100명 중 한 명'에서 '100만 명 중 한 명'으로 도약할 수 있다.

경제 뉴스 플랫폼 뉴스픽스의 사사키 노리히코 편집장은 동양경제신보사에 입사해 온라인 편집장으로 활동했고 2014년부터 뉴스픽스에 몸담고 있다. 그의 커리어를 보고 있으면 '여러 다리를 걸칠 수 있는 사람이야말로 진짜 강한 사람'이라는 말을 통감하게 된다. 사사키 편집장은 동양경제신보사에서는 기자로, 뉴스픽스에서는 편집자로 일했다. 이것만으로도 '기자×편집자'라는 '양다리의 상승효과'가 만들어지는데, 그는 여기에서 멈추지 않고 뉴스픽스의 수익 모델을 기획하고 창출하는 비즈니스 개척자 역할까지 겸하고 있다. 즉 '기자×편집자×사업가'라는 세 가지 직함을 동시에 수행하고 있는 셈이다. 단순히 기자나 편집자는 많지만 여기에 사업 감각까지 갖춘 인재는 정말 드물다. 미디어 업종의 회사 입장에서 보면 너무나도 탐이 나는 인재일 수밖에 없다.

다시 한번 강조하자면 복수의 직함을 곱하면 곱할수록 찾아보기 힘든 존재가 되며 결과적으로 가치가 상승한다. 그리고 이때 여러 개의 비슷한 분야의 직함을 갖는 것보다는 멀리 떨어진 분야의 직함을 조합할수록 그 희소성은 더 커진다. 나의 경우를 예로 들면 생각나는 대로 직함을 나열하기만 해도 사업가×컨설턴트×프로그래머×작가×방송인×엔터테인먼트 프로듀서×

로켓 개발자×음식점 프로듀서×만화 사업가×애플리케이션 프로듀서×예방 의학 활동가×J리그 고문×오사카 엑스포 특별 고문×영화 프로듀서…… 등, 그 수를 다 셀 수조차 없다. 물론 모든 일에 1만 시간을 투자한 것은 아니지만 앞서 말한 레어 카드 이론에 입각해서 보자면 수천 억 명 중 한 명에 해당하는 존재일 것이다. 이런 나를 대신할 수 있는 사람은 어디에도 없다. 그런 까닭에 여기저기에서 재미있는 일이 끊임없이 날아든다.

나의 경우에는 일과 놀이에 경계선을 두지 않는다. 그저 가슴을 두근거리게 하는 무언가를 만날 때마다 주저 없이 뛰어들다 보니 어느새 수많은 '다리'를 동시에 걸치고 살게 되었다. 그 결과, 내가 평소에 만나는 사람들의 면면은 정말 제각각이다. 직업도, 분야도, 성격도 다 다르다. 하지만 그런 다양성을 삶 속에 갖추는 것이야말로 지금 시대에 꼭 필요한 에너지라고 생각한다.

산업과 산업을 가로막고 있던 장벽은 이미 무너지고

있다. "이 직업으로 평생 먹고살겠어"라는 말은 결국 자신의 가능성을 스스로 제한하는 선언에 불과하다. 하나의 직함에 집착하지 마라. 하나의 직함에 머무르지 마라. 그리고 직함이 하나만 적힌 명함이 있다면 당장 쓰레기통에 던져버려라. 무엇보다 여러분을 대체할 수 있는 사람이 존재하는 한, 여러분의 몸값은 절대 오르지 않는다.

KEY POINT

» 여러분의 직함을 종이에 적어보자.
» 세 가지 이상 적지 못한 사람은 잠시 반성하자.
» 반성(2초면 된다)이 끝났으면 이상空想이어도 좋으니 원하는 직함을 적어보자.
» 그 직함을 손에 넣으려면 어떻게 해야 할까? 1만 시간을 내기 위한 계획을 구체적으로 세워보자.

긴장은 우회하되,
예측 가능함은
편안함을 주지만
성장은 언제나
불확실함 속에서
비롯된다.

성실함의 세뇌에서 벗어나라

ⓛ

아직도 완벽주의의
함정에 빠져 있는 당신에게

일류는 힘을 조절할 줄 안다

나는 여전히 많은 사람이 "모든 일에 최선을 다하지 않으면 불성실하다"라고 믿는다는 사실에 놀란다. 안타깝게도 그런 사람일수록 업무 속도는 느리고 성과는 평균 이하인 경우가 많다.

사실 어떤 일은 적당히 해도 아무도 모른다. 물론 모든 일에 최선을 다하는 자세는 중요하지만 그러다 일을 제대로 시작하기도 전에 에너지를 다 소모해버린다면 이도 저도 안 된다. 결국 아무것도 해내지 못하고 중요한 기회가 끝나버릴 수도 있다.

아주 일상적인 예시 한 가지를 들어보겠다. 예를 들어 맞벌이 부부가 매일 자녀의 도시락을 완벽하게 준비하기는 현실적으로 불가능하다. 종종 '오늘은 시간도 없고 피곤하니 냉동식품으로 적당히 만들자'라고 생각할 수 있다면 인생은 훨씬 더 편해진다.

반대로 '반찬은 꼭 내 손으로 정성껏 만들어야 해'라는 고정관념에 사로잡히면 그 삶은 수렁에서 헤어나지 못한다. 매일 스트레스에 시달리고, 그 짜증을 자녀와 배우자에게 화풀이하는 바람에 가정 내 분위기가 싸늘해진다면 그건 주객전도의 상황이라 할 수 있다.

사실 냉동식품이나 인스턴트 반찬을 담은 도시락이라고 해서 맛이 없는 것도 아니다. 게다가 화학조미료든 천연조미료든 간에 그 성분은 화학적으로 크게 차이는 없다. 바쁠 때는 "미안하구나, 오늘은 이걸로 맛있는 걸 사 먹으렴"이라며 용돈을 주는 편이 아이 입장에서도 좋은 기억으로 남는다.

어떤 부모는 도시락을 예쁘게 꾸미는 데 열을 올려서 엄청난 시간과 수고를 들여 만들고는 그 사진을 찍어 SNS에 올리기도 한다. 이는 자녀를 위해서라는 명목으로 본인을 위한 만족을 추구하는 것일 뿐, 정작 가장 중요한 '맛과 영양'은 뒷전이다. 그토록 전력투구를 해서 만족하는 것은 본인뿐이라는 이야기다.

물론 매번 도시락을 대충 만든다면 자녀도 눈치챌 것이다(성장기 자녀가 먹을 식사를 매번 간단히 만들 수는 없다). 여기서 중요한 것은 '가끔은 대충한다'라는 균형 감각을 잡는 것이다. 항상 전력을 다하는 축구 선수는 이류에 그친다. 경기 시작을 알리는 휘슬이 울리는 순간부터 계속 전력으로 달려서는 중요한 득점 기회에 힘을 발휘하지 못한다. 메시 같은 일류 선수는 경기의 절반 동안에는 에너지를 아끼고, 진짜 기회가 온 순간 100퍼센트의 힘을 쏟아부어 득점을 올린다. 완급을 조절하는 것이야말로 모든 일의 본질이다.

나는 지금까지 매주 발신하는 메일 매거진을 한 번

도 빠짐없이 발행해왔다. 매거진을 쓸 시간을 충분히 확보하지 못했을 때는 냉장고에 있는 재료로 적당히 요리하듯이, 과거에 썼던 글의 핵심을 뽑아내 다시 조합한다. 메일 매거진의 발행자 중에는 종종 사정에 따라 지각을 하거나 한 주를 건너뛰는 사람도 있는데, 본인은 최대한 수준 높은 내용을 제공하려는 생각일지 모르지만 대부분의 독자에게 중요한 건 내용의 완성도가 아닌 '꾸준함'이다.

업무 처리 속도가 늦거나 일에 쫓겨 사는 사람은 '모든 일에서 100점을 받아야 해'라는 자기만족이 있지는 않은지 체크하고 이 마음은 버리도록 해보자. 언제나 100점을 받아야 한다는 생각은 자기만족일 뿐이고, 업무 효율을 해치는 독이다.

완벽주의자는 이미 끝낸 일을 확인하고 또 확인하느라 개미지옥에서 빠져나오지 못한다. 그러나 앞으로의 시대에서 지향해야 할 것은 '완벽'이 아니라 '완료'다. 눈앞의 업무를 빠르게 끝내고 나면 다음으로 넘어가라.

이미 끝난 일은 돌아보지 마라. 특히 요즘 같은 시대에 여러 프로젝트를 동시에 진행하려면 더더욱 '완료주의자'가 되어야 한다.

지속 가능한 아웃풋을 원한다면 가끔은 대충해야 한다. 그게 진짜 오래가는 사람의 방식이다.

KEY POINT

» 기획안, 보고서 등의 자료 중 20퍼센트는 힘을 빼고 대충 해보자.
» 그 결과 남은 시간에 새로운 일을 시작하자.
» 새로운 일은 자신의 가슴을 두근거리게 하는 것이라면 무엇이든 상관없다. 신규 프로젝트를 제안해도 좋다.
» 대신 일단 손을 댄 일은 '완료'시킬 것을 명심하자.

04

"더 배우고 시작해야지"라고 생각한다면 이미 늦었다

상위 1퍼센트만 실천하는 성공 법칙

    2017년 2월 4일, 나는 롯폰기 거리에서 '호리에몽 축제'라는 페스티벌을 개최했다. VR(가상현실)과 AR(증강현실) 같은 최첨단 기술을 소개하고, 마작, 마피아 게임, 대규모 미팅 같은 이벤트를 롯폰기 곳곳에서 진행했으며, 주 회장에서는 30분 간격으로 여러 게스트를 초대해 토크 라이브를 열었고, 왕년의 인기 아이돌 그룹 히카루겐지의 멤버였던 모로보시 가즈미 씨가 무대에서 노래까지 불러주는 가운데 성공리에 축제를 마쳤다.

이 페스티벌의 준비 기간이 얼마 정도였을 것 같은가? 단 2개월이다. 말 그대로 졸속 실행이었다. 나는 그저 말만 꺼냈을 뿐이고 실무는 HIU 멤버들이 도맡아 했다. 이벤트 진행 전문가도 없었고 준비 기간도 짧았지만 모두가 각자의 역할에 최선을 다했다.

여기서 평범한 사람은 1,000명에 가까운 규모가 들어갈 수 있는 회장을 빌리는 시점에서부터 겁을 먹는다. '막상 뚜껑을 열어보니 파리만 날리면 어쩌지?', '내가 책임을 질 수 있을까?', '적자가 나면 큰일인데……' 등 실제로 많은 이가 '준비할 시간이 부족할 것 같다', '경험이 부족하다'라며 참여를 포기했다.

그러나 무슨 일이든 간에 '잘 안 되면 어쩌지?'라고 걱정만 한다면 그 계획은 평생 결실을 맺지 못한다. 걱정만 하다가 뭔가를 시작할 타이밍을 놓쳐버린 적이 있지 않은가? 그렇다면 한번 10대 시절을 떠올려보기 바란다. 다들 학창 시절에 학교 축제에 참가해본 기억이 있을 것이다.

학창 시절, 전문가는 단 한 명도 없이 학생들끼리 축제를 기획하고, 즉흥적인 아이디어와 혈기만으로 이벤트를 진행한다. 퀴즈 대회, 밴드 공연, 심지어 대충 만든 음식 부스까지, 학교 축제에서 파는 음식은 초보자가 만든 것이기에 식당에서 내놓는 수준에는 전혀 미치지 못하지만 그래도 다들 기꺼이 돈을 낸다. 이렇게 혈기만으로 커다란 이벤트를 성공시킨 경험이 있다. 그런데 왜 어른이 된 후에는 아무것도 실행하지 못할까?

　바로 쓸데없는 책임감, 완벽해야 한다는 압박, 이런 것들이 머리를 굳게 만들어 '작은 축제 하나'조차 기획하지 못하게 되는 것이다. 사실 축제를 여는 건 생각보다 간단하다. 사람이 모일 것 같은 장소를 골라서 재미있을 것 같은 기획을 실시한다. 따분함을 주체하지 못하는 사람의 마음속에 강렬하게 파고들 홍보 문구를 들고, SNS 인플루언서들이 알아채고 정보를 확산하도록 유도한다. 생각해보면 이런 것은 놀이의 연장선이다. 어렵게 생각할 필요는 조금도 없다.

나는 예전부터 '어른의 축제'가 의외로 없다는 데 불만을 품어왔다. 축제라고 하면 다들 거창한 록페스티벌이나 세련된 EDM 파티만 떠올리지만 꼭 그렇게 멋질 필요는 없다. 축제란 좀 어설프고 어수선해도 재미있으면 그걸로 충분하다. 놀고, 먹고, 마시고, 웃으면 그게 성공이다.

따라서 졸속 실행이라도 좋으니 일단 시도해보는 것이 중요하다. 완벽하게 하기 위해서 몇 년 동안 준비해 간신히 개최한 페스티벌보다는 불완전한 채로, 몇 년간 여러 번의 시행착오를 거친 페스티벌이 결국 수준도 더 높아지고 사람도 더 많이 모여들 것이다.

'준비가 부족하다'는 이유로 제자리걸음만 해서는 평생이 가도 만족스러운 결과는 오지 않는다. 나는 여기에서 축제 개최의 예시를 들었지만 여러분이 하고 싶은 일이 있다면 그게 무엇이든 지금 당장 시작해야 한다. 준비에 들이는 시간은 낭비다. 졸속이어도 충분하다. 일단 즉시 실행하고 달리면서 생각하자. 오래 고민하고 망설임이 긴 사람보다 엉성하게라도 먼저 움직인 사람이 더 멀리 간다. 인생은 때로 완성도가 아니라 실행 속도가 결정한다.

KEY POINT

» 무엇인가를 위해 준비하고 있는 것은 없는가? 마라톤에 참가하기 위해 매일 아침 러닝을 하고 있지는 않은가?

» 준비하는 시간은 낭비다. 지금 당장 가장 가까운 시일에 열리는 마라톤 경기에 등록하자.

» 직장인이라면 회의에서 "준비가 되면 시작합시다"라는 말을 금지어로 지정하자. 그 대신 "일단 시작해본 다음 수정해나갑시다"를 입버릇으로 삼자.

완벽주의자는
이미 끝낸 일을
확인하고 또 확인하느라
개미지옥에서
빠져나오지 못한다

**그러나 지금 시대에서
지향해야 할 것은
'완벽'이 아니라
'완료'다
눈앞의 업무를
빠르게 끝내고 나면
다음으로 넘어가라**

⑤

애쓰지 않아도
잘되는 삶의 기술

직접 해야 한다는 선입견을 버리면 보이는 것

여기까지 읽은 여러분은 이제 한 업계에서 하나의 직함만을 갖고 장인처럼 일하는 것이 시대에 뒤떨어진 사고방식임을 이해했을 것이다. 지금부터는 머릿속에 뿌리박혀 있는 '성실함의 세뇌'에서 벗어날 차례다.

나는 대략 한 달에 한 권 정도의 속도로 책을 내고 있다. 문고판으로 다시 나온 것까지 포함하면 거의 100권에 육박하지 않을까 싶다. "어떻게 그렇게 빠른 속도로 책을 쓸 수 있지요?"라는 질문을 종종 받는데,

대부분의 책은 편집자와 작가가 나와 인터뷰한 내용을 정리한 것이다. 대략 열 시간 정도 인터뷰하면 책 한 권 분량이 나온다.

이런 이야기를 하면 대필 작가를 썼다는 둥 호들갑을 떠는 사람이 반드시 나오는데 만화도 수많은 스태프와 어시스턴트의 분업을 통해서 탄생한다. 가령 자신은 스토리를 짜는 데 전념하고, 그림은 타인에게 맡기는 만화가도 있다. 그렇게 역할 분담을 하지 않으면 동시에 여러 작품을 병행하기는 불가능할 것이다. 그런데 왜 유독 책은 그러면 안 된다고 생각할까?

주변을 둘러보면 전부 내가 직접 해야 한다는 '의무감 증후군'에 걸린 사람이 너무나 많다. 그러나 귀중한 시간은 자신의 강점을 최대한으로 발휘할 수 있는 일에 집중적으로 사용해야 한다. 2015년 말에 출판한 『진심으로 산다』도 작가가 나와 인터뷰한 내용을 정리해서 만든 책이다. 이 책도 누적 판매 30만 부에 육박하는 베스트셀러가 되었다. 건방진 소리처럼 들릴지도 모르지만 나는 인터뷰 없이도 『진심으로 산다』를 완성시킬 수 있었을 것이며, 그래도 초대형 베스트셀러로 만들 수 있었을 것이라고 자신한다. 책의 내용은 대부분 과거의 인터뷰나 책에서 여러 번 강조했던 말들이기 때문이다.

솔직히 말하자면 『진심으로 산다』를 쓰기 위해서 진행한 인터뷰는 꽤 지루했다. 그동안 수없이 반복했던 질문을 또다시 받았고, 그럴 때마다 나는 인터뷰어에게 "예전에 내가 쓴 책을 읽어보세요" 하고 답하곤 했다. 나는 지금까지 신문과 잡지, 인터넷 미디어로부터 수백, 수천 건에 이르는 취재 요청을 받아왔고, 텔레비전과 인터넷 방송, 토크쇼, 강연회에 나가서 수많은 이야기를 하며 하루하루를 보냈다. 많은 책을 냈고, 2010년 창간한 이래 단 한 차례의 휴재 없이 유료 메일 매거진도 발신해왔다. 이만큼 아웃풋의 양이 많다 보면 말하는 내용도 자연히 비슷해질 수밖에 없다. 호리에 다카후미라는 사람의 본질이 변할 리는 없으므로, 기자 여러 명에게 A라는 질문을 받으면 B라는 같은 대답을 조금씩 다르게 풀어서 하는 수밖에 없다. 그게 있는 그대로의 현실이다.

과거에 내가 했던 말들을 살짝 다듬어서 낸 책이 베스트셀러가 되는 것을 보고 나는 '굳이 시간을 들여가며 인터뷰를 할 필요는 없다'는 확신을 얻었다. 그래서 앞으로는 발간하는 책도 큐레이션 미디어처럼 기존 콘텐츠를 재가공하는 방식으로 만들고자 한다. 메일 매거진과 내가 운영하는 유료 커뮤니티에는 오직 나만이 쓸 수 있는, 호리에 다카후미의 중핵과 같은 것을 남긴다. 책은 거기에서 꺼내 쓰기만 해도 충분하다. 어쩌면 내 발언과 생각을 스마트 기기에 저장해두고, 이를 바탕으로 AI한테 새로운 책을 쓰게 하는 날이 올지도 모른다.

사실 작가가 온 노력을 발휘해서 1년 넘게 문장 하나하나를 다듬어 쓴 책이 정작 1만 부도 팔리지 않는 일은 흔하다. 그 경우 받게 되는 인세는 말할 것도 없다. 단순히 "시간을 들이면 질이 높아진다", "진심을 담으면 사람들에게 전해진다"라는 생각은 환상에 불과하다. 동시에 수백 가지나 되는 일을 진행하려면 '내가 직접 해야 하는 일'과 '남에게 맡겨도 되는 일'을 냉정하게 구분해야 한다. 자신만이 할 수 있는 본질적인 일에만 집중하고, 우선순위에서 밀리는 일은 과감히 다른 사람에게 맡기자. '모든 것을 직접 해야 한다'라는 선입견을 버리는 순간, 여러분이 해야 할 일의 우선순위가 비로소 보이기 시작할 것이다.

KEY POINT

» 여러분이 끌어안고 있는 업무 목록을 전부 적어보자.
» 그 가운데 다른 동료나 상사도 할 수 있는 업무를 빨간 펜으로 지워 나가자. 남은 것이 진짜 여러분이 해야 할 업무다.
» 빨간 펜으로 앞에서 지운 업무를 하지 않을 방법을 구체적으로 궁리해 써 보자.
» 만에 하나 목록 전부가 지워졌다면 큰 문제다. 여러분만이 할 수 있는 업무가 없는지 차분하게 생각해보자.

하나의 직함에
집착하지 마라.
직함이 하나만 적힌
명함이 있다면
당장 쓰레기통에
던져버려라.

3장

잃어버린 집중력은 다시 찾지 마라

한 가지 일에
아주 극단적으로 빠져들어라

강한 몰입은 재능이다

다동력은 각기 다른 여러 가지 일에 끊임없이 빠져드는 힘이다. 그렇다면 이 힘을 갖기 위해서는 어떻게 해야 할까? 처음부터 여러 가지 일에 손을 대기보다 먼저 '무엇이든 한 가지 일에 원숭이처럼 몰입해보는' 것이 더 중요하다. 내 인생은 이 몰입의 축적으로 이뤄져 있다.

무엇이든 상관없다. 야구도 좋고, 히치하이킹도 좋다. 어떤 일이든 극단적인 수준까지 몰두하면 여기에서 자란 호기심과 집중력은 다른 분야에도 똑같이 쓰일 수 있다.

다만 획일화된 시스템의 공교육은 이 흐름을 방해한다. 아이들의 집중력과 호기심을 무디게 만드는 것이다. 어른이 된 뒤에 "내가 좋아하는 것이 무엇인지 모르겠어", "하고 싶은 일이 없어"라고 말하는 사람이 많은 이유도 바로 여기에 있다. 아이가 어떤 한 가지 일에 비정상적일 정도로 빠져들면 주변 어른들은 "애, 괜찮니?"라고 말하며 아이를 흔들어서 그 집중을 끊으려 한다. 기껏 몰입하고 집중하고 있는 아이의 어깨에 손을 얹고 따분한 어른으로 교정하려 든다. 이러니 호기심과 집중력이 자랄 수가 없다.

나는 어릴 때부터 세상이 강요하는 교육이 얼마나 무의미한지 눈치챘고, 그 덕분에 지금의 내가 있을 수 있었다. 예를 들면 초등학생 시절, 급식 시간에 "음식을 먹을 때는 골고루 섭취해야 해요"라는 이해 못할 가르침을 일률적으로 받곤 한다. 이를테면 '밥 → 반찬 →

국 → 밥 → 반찬 → 국'의 순서로 마치 식판 위에 삼각형을 그리듯 섭취 순서를 지켜야 한다는 식사 교육이다. 하지만 생각해보자. 반찬과 밥을 먼저 먹고 마지막에 국을 훌훌 들이킨들 아무런 문제도 없을 것이다. 영양이 달라지지도, 삶에 지장이 생기지도 않는다. 그런데도 학교는 수년간 이런 균형 섭취 교육을 반복해왔다. 지금 돌이켜보면 과연 거기에 무슨 과학적 근거가 있었을까? 어쩌면 억지로 '균형'이라는 신앙을 아이들 머릿속에 심으려 했던 건 아니었을까?

결국 학교는 '평균적인 아이'를 만드는 공장 같은 곳이다. 어딘가 한쪽으로 치우쳐 균형이 잡히지 않은 아이가 집단 안에 섞여 있으면 불안감을 느끼고 억지로 교정하려 한다. 저런 섭취 루틴을 꼭 지키지 않아도 영양이 편중되는 일은 없으며, 사회생활을 하는 데도 아무런 지장이 없다.

나는 내가 운영하는 미디어를 키우기 위해 노벨상 수상자, 의사, 대학 교수들을 취재하고 수없이 대담을 나눴지만 그들 대부분은 '균형'이라는 단어와는 인연이 없는 괴짜들이었다. 균형에 얽매이는 한, 두각을 나타내긴 어렵다.

생각해보자. 설령 밤을 새워 게임을 했더라도 다음 날에도, 그다음 날에도 계속 밤을 새워 게임을 하는 것은 아니다. 피곤하면 잘 것이고, 싫증이 나면 그만둘 것이다. 그러니까 아이가 좋아하는 일에 집중하고 있다면 계속 몰입하도록 놔두면 된다. 나는 드래곤 퀘스트 같은 RPG 게임에는 관심이 없었지만 팔콤의 이스나 소서리안에는 푹 빠져서 살았던 경험이 있다. 그래서 성인이 된 뒤로 게임의 성공 포인트도 잘 이해할 수 있었고, 스마트폰 게임을 만들 때 여러 가지 아이디어도 자연스럽게 샘솟았다. 그 경험은 게임뿐만 아니라 맛집 검색 앱을 개발하거나 살롱을 운영하는 데도 고스란히 응용됐다. 결국 무엇이든 한 가지를 깊게 파고들면 그 분야의 진수를 이해하게 되고, 다른 분야에도 확장할 수 있는 기반이 된다.

그러므로 무엇이라도 좋으니 한 가지 일에 빠져들어 보자. 그저 평균적으로, 남들처럼 사는 것은 독임을 명심하자. 빠져드는 것도 재능이다. 나처럼 수백 가지 일에 빠져들기 위해서는 먼저 한 가지 일에 원숭이처럼, 균형 따위 잊은 채 아주 편향적이고 극단적으로 빠져들어야 한다.

KEY POINT

» 만약 내일부터 회사를 한 달 동안 쉬게 된다면 무엇을 하고 싶은가? 한 가지만 떠올려보고, 그것을 오늘부터 실행하자.
» 너무 빠져들어서 약속을 날려버려도, 회사를 쉬어도 상관없다.
» 그 결과, 회사에서 해고당했다면 그 빠져든 일을 직업으로 삼자.

⑦ 실은 집중력 부족이 아닌 강점인 이 성향

쉽게 싫증내는 것은 부정적 행동 패턴이 아니다

나는 한 가지 일에 원숭이처럼 빠져들지만 싫증이 나면 미련 없이 털고 다른 일에 몰두한다. 중학생 때는 컴퓨터와 인터넷에 푹 빠졌고, 대학생이 되어서는 마작과 경마에 빠졌다. 어느 정도였냐면 한때는 "앞으로 경마로 먹고살까?"라는 생각이 들 정도였다. 그리고 사회인이 된 뒤에는 수없이 많은 프로젝트에 도전했다. 그때마다 주변 사람이 혀를 내두를 만큼 깊이 몰입했고, 그 몰입이 나를 지금의 자리로 이끌었다.

이처럼 한 가지 일에 원숭이처럼 몰입하지만 그만큼 쉽게 싫증도 낸다. 많은 사람이 이런 성향을 부정적으로 보기도 하지만 사실 이것은 '성장이 빠르다'는 의미이기도 하다. 어떤 분야에서든 80점까지는 쉽게 도달할 수 있지만 이후 100점을 달성하기까지는 막대한 시간과 노력이 필요하다. 80점까지는 토끼처럼 빠르게 달릴 수 있지만 100점에 도달하기까지는 거북이처럼 느려진다. 골프를 예로 들면, 평균 80타까지는 1년이면 가능하지만 평균 72타가 되기까지는 10년이 걸린다. 설령 목표를 달성하더라도 프로 골퍼로 활약하기엔 턱없이 부족하다.

그래서 나는 80점을 받는 데 성공하면 그 일에 싫증을 내고 '다음'을 향한다. 어느 정도 몰입하면 그 분야의 핵심 지식은 대부분 얻을 수 있다. 사실 '싫증'을 자주 느끼는 것은 끈기가 부족한 것이 아니라, 그 일이 익숙해졌고 더는 배울 게 없으니 다음 단계로 넘어갈 '성장의 신호'라 할 수 있다. 싫증 나면 즉시 버리는 것이 중요하다. 이 단계에 이르렀으면 긴 세월을 들여 100점을 받는 데 집착하기보다 다음 분야로 넘어가는 편이 이득이다. 성장이 빠른 사람, 끊임없이 새로운 일을 시도하는 사람은 대부분 이런 성향을 가진다. 어떤 분야에 미친 듯이 빠져들었다 싶다가도 곧장 다른 일에 푹 빠져든다. 쉽게 싫증내지만 단기간에 무서울 만큼 몰입하는 것이다. 그래서 보통 사람 이상으로 지식과 경험이 쌓이고 그것들이 새로운 도전에서 무기가 된다.

나는 시골에서 태어나 어릴 때부터 백과사전을 즐겨 읽었다. 집이 외진 곳에 위치해 친구의 집도 멀었고, 자연스럽게 혼자 노는 시간이 많았다. 그 시간에 주로 백과사전을 아침부터 밤까지 읽었다. 그렇게 잡다한 지식을 자연스레 익혀 나갔다. 따로 시험 공부를 하지 않아도 백과사전을 통독하면 성적은 올라가기 마련인데, 나는 통독의 수준을 넘어서 백과사전에 푹 빠져 철저히 숙독했다. 그 결과 내 지식의 양은 순식간에 초등학교의 동급생은 물론이고, 선배까지도 능가하는 수준에 이르렀다.

　어린 시절 이야기를 조금 더 하자면, 나는 한 가지 놀이에 정착하지 않고 계속 이 놀이, 저 놀이 옮겨 다니며 몰입하곤 했다. 한때는 학교 뒤쪽을 흐르는 강에 다리를 놓는 일에 몰두했다. 수업을 들으면서도, 밥을 먹으면서도 오로지 다리 생각뿐이었다. 주변 친구들은 그런 나를 보면서 '쟤는 뭘 저렇게 아침부터 밤까지 죽어라 하는 거지?'라며 이상하게 생각했을지도 모른다. 하지만 어느 날 갑자기 이렇게 푹 빠져 있던 다리 놓기에 싫증을 느끼고 미련 없이 그만둬버렸다.

　그 외에도 나는 다양한 놀이에 '푹 빠져들었다가 싫증내기'를 반복했다. 피구나 축구 같은 운동은 운동 신경이 좋은 아이가 이기는 것이 당연했기에, 머리를 써야 이길 수 있는 게임을 궁리해 학급에 유행시켰다. 하지만 모두가 그 규칙에 익숙해지면 다시 운동 신경이 좋은 아이가 유리한 환경이 만들어졌으므로, 그때마다 나는 새로운 게임을 개발하며 다음 단계로 이동했다.

나는 지금도 여전히 무언가에 푹 빠져들었다가 곧 싫증을 내곤 한다. 애플의 전 CEO 스티브 잡스는 "점과 점을 연결하다 보면 언젠가 하나의 선이 된다"라고 말한 적이 있다. 실제로 나는 여러 일에 빠져들었다가 떠나기를 반복하는 사이, 흩어져 있었던 '점'들이 전혀 예상하지 못한 방식으로 하나의 '선'으로 이어지는 경험을 여러 번 했다.

일단 깊게 빠져들고, 그다음엔 미련 없이 다음 관심사로 넘어간다. 앞으로는 이처럼 80점을 받을 수 있는 분야를 여러 개 가진 사람이 단 하나의 100점을 가진 사람보다 더 강한 시대가 될 것이다.

KEY POINT

» 최근 1년 사이에 싫증이 난 일이 몇 가지 있는가?

» 싫증난 일을 나열한 '싫증 리스트'를 만들어보자. 기타 연주, 영어 회화, 게임…… 얼마나 많은 일에 싫증이 났는지 눈에 보이게 가시화하자. 싫증이 난다는 것은 익숙해져서 여유가 생겼다는 의미다. 요컨대 '싫증 리스트'는 곧 '성장 리스트'다.

» 1년 후 리스트가 얼마나 늘어났는지 확인하자. 성장의 증표다.

일류는
경기의 절반 동안에는
에너지를 아끼고,
진짜 기회가 온 순간
100퍼센트의 힘을
쏟아부어 득점을 올린다.

타인을 신경 쓰는 동안 자신의 시간은 사라진다

⑧ '이런 일' 하는 사람은 절대 성공 못한다

설레지 않는 일에 시간을 낭비하지 마라

인생에서 우리에게 주어진 시간은 한정돼 있다. 그런 한정된 시간을 살면서 항상 깨어 있기 위해서는 무엇이 가장 중요할까? 바로 하루 24시간 중에서 '가슴이 두근거리지 않는 시간'을 줄여나가는 것이다. 하기 싫은 일은 아무리 애써도 마음이 내키지 않는다. 자연히 효율도 떨어지고 능력을 제대로 발휘하지도 못한다. 그런 일을 끌어안고 있어서는 기민하게 움직일 수 없고, 여러 프로젝트를 동시에 추진하기도 어렵다.

나는 지금 호텔에서 살고 있고, 청소나 빨래 같은 집안일은 전혀 하지 않는다. 만약 내가 몰입하고 있는 프로젝트가 '청소'라면 기꺼이 할 것이다. 그러나 청소는 내게 조금도 가슴이 두근거리지 않는 일이다. 그래서 나는 아예 내 인생의 할 일 목록에서 '청소'를 완전히 지워버렸다. 한정된 시간을 그런 비생산적인 일에 쓸 수는 없기 때문이다.

"그건 당신이 부자니까 가능한 일이잖아요"라고 말하는 사람이 있다면 그는 사고가 이미 정지돼 있는 셈이다. 요즘은 누구나 가사 대행 서비스를 이용해 집안일에 들이는 시간을 줄일 수 있다. 스마트폰으로 바로 예약할 수 있는 청소, 가사노동 관련 앱을 보면 저렴한 가격에 청소와 빨래를 대행해준다. 여러분의 한 시간이 이보다 가치가 없다고 생각한다면 이 책의 내용을 실천해 자신을 먼저 성장시켜야 한다. 청소나 빨래 등 가슴이 두근거리지 않는 일에 인생을 허비해서는 영원히 자신의 가치를 높일 수 없다.

실제로 주변을 둘러보면 '집안일은 내가 직접 해야 한다'라는 모호한 생각 때문에 가정부나 베이비시터를 고용하는 데 거부감을 느끼는 이도 적지 않다. 하지만 하기 싫은 집안일에 시간과 체력, 정신력을 소모하고 육아나 간병하느라 자신의 인생을 희생할 바에는 과감하게 돈으로 문제를 해결하는 편이 낫다. 그리고 그 시간을 자신이 하고 싶은 일로 채우는 것이다.

나에게나 여러분에게나 하루는 24시간뿐이다. 그럼에도 나는 어떻게 내가 좋아하는 일만 하면서 살 수 있는 것일까? 아주 단순하다. 나는 가슴이 뛰지 않는 일은 전부 남에게 맡기기 때문이다. 가끔 내 옷차림을 보고 "멋지네요"라고 칭찬해주는 사람이 있는데, 사실 나는 옷을 고르는 것을 딱히 좋아하지 않아 그 일마저도 아웃소싱한다. 패션에 관심이 많은 친구에게 "의류 판매 사이트에서 내가 좋아할 만한 옷을 찾아줘"라고 부탁하고, 그가 보내준 링크 중에서 마음에 드는 것을 고르기만 한다.

회사원이나 공무원의 대다수가 경비나 교통비 정산을 전부 직접 처리한다고 들은 적이 있다. 이런 이야기를 들으면 머리가 지끈거린다. 왜 다들 그렇게 비효율적이고 귀찮은 일을 굳이 직접 하는 것일까? 이 책의 담당 편집자인 미노와 씨가 이렇게 말했다. "호리에 씨가 '가슴이 두근거리는 일만 하라'고 해서 경비 정산은 가슴이 뛰지 않으니 뒤로 미뤘다가 경리팀한테 혼났어요." 그러면서 "평사원이 비서를 어떻게 고용하겠어요?"라고 했다. 하지만 나는 묻고 싶다. 그런 무의미한 일에 방대한 할애할 바에는, 차라리 자비로 아르바이트를 고용해서 맡기는 편이 낫지 않을까? 꼭 경비 정산 문제가 아니라, 중요하지 않은 사소한 일에 시간을 써서는 평생 '평사원'에서 벗어나지 못한다.

나는 주위가 산만하지만 재미있는 일에는 몇 시간이라고 몰입하고 집중할 수 있다. 요컨대 중요한 것은 '절대 시간'이 아니라 '체감 시간'이다. 좋아하는 사람과의 데이트는 몇 시간이 한순간처럼 느껴지지만, 불편한 사람과의 식사는 1분도 한 시간이 되곤 한다. 나는 후자 같은 '체감 시간이 길게 느껴지는 일'은 인생에서 계속 줄여나가고 있다. 이제 남은 것은 양치질 정도다. 양치질은 정말 가슴이 두근거리지 않는다. 하루빨리 자동 양치 로봇이 나왔으면 좋겠다.

한번 여러분의 하루 일정을 상세히 적어보기 바란다. 24시간 중 가슴이 두근거리지 않는 일에 얼마나 많은 시간을 소비하고 있는가? 무엇을 할 것인지보다 더 중요한 것은 '무엇을 하지 않을 것인지'다. 집안일, 경비 정산 등 마지못해 하는 일은 가능한 하나씩 줄이고, 하루 24시간을 가슴이 뛰는 일로 채워나가자.

KEY POINT

» 하루 24시간의 일정을 상세히 적어보자.
» 쓰레기 버리기, 출퇴근, 이메일 확인, 회의, 미팅…… 그중에서 가슴이 두근거리지 않는 일을 빨간색 펜으로 지우자.
» 하루 24시간을 가슴이 두근거리는 일로 채워보자.

⑨ 전화를 거는 사람은 피하는 게 좋다

기술의 진보에 역행해 타인의 시간을 빼앗는 부류

나의 소중한 시간을 빼앗는 가장 큰 존재가 있다면 그것은 바로 '전화'다. 그래서 나는 '전화를 받지 않는 사람'이라는 캐릭터를 자체적으로 확립하고 있다. 굳이 전화로 이야기할 필요성이 없는 용건임에도 생각 없이 타인의 전화벨을 울리게 하는 사람이 있는데, 그런 사람의 전화가 오면 나는 절대 받지 않는다. 상대가 아무리 대단한 인물이든 간에 나는 '전화를 받지 않는 사람'이 되기로 결정했다. 전화는 다동력을 방해하는 최악의 도구이며 백해무익한 존재다.

일을 하고 있을 때 전화벨이 울리면 하던 일을 강제로 중단하게 되며, 그 결과 리듬이 끊겨버린다. 라이브도어를 창업해 일하던 시절, 나는 사원과 얼굴을 맞대고 말하지 않는다며 크게 비판받은 적이 있다. 같은 층에 있는 사원이나 비서에게 이메일이나 채팅으로 업무를 지시했기 때문이다. '호리에 씨는 옆에 있는 비서에게조차 컴퓨터로 연락을 한다. 이 얼마나 기계적이고 차가운 사람인가'라는 인상을 준 모양이다.

물론 나도 담배 한 대 피우고 싶을 때나 차를 마시고 싶을 때면 근처에 있는 직원과 잡담 정도는 당연히 한다. 그러나 일정 조정이나 간단한 협의, 연락 같은 것을 굳이 미팅이나 전화 같은 것으로 할 필요는 없다고 생각한다. 메일이나 라인, 메신저를 사용한 비동기식 통신으로도 충분하다. 하루 중에는 자잘한 틈새 시간이 많이 발생하는데, 그 틈새 시간에 비동기 통신을 이용해 업무를 효율적으로 진행하는 것이다.

구시대의 감각에 사로잡힌 사람은 소통을 할 때 서로 같은 시간에 대화하는 동기 통신이어야 의도가 전달된다고 맹신한다. 주로 그런 사람이 내 전화벨을 울리게 해서 업무를 방해하는 것이다. 놀랍게도 이메일이나 팩스를 보낸 뒤에 "방금 메일을 보냈습니다", "방금 팩스를 보냈습니다"라고 전화를 거는 바보도 있다. 이런 바보는 사람이 발로 뛰어서 편지를 전해 주던 옛날 시대에서 사고방식이 멈춰 있다고 밖에 할 말이 없다. 별 생각 없이 전화를 걸어서 내 전화벨이 울리게 하는 그 시점에, 나는 그 사람과는 함께 일하고 싶지 않아진다. 전화로 밖에 대화하지 못하는 사람은 내 시간을 무의미하게 빼앗는 해악이다.

인터넷의 커다란 공적은 비동기 통신을 손쉽게 해준 것이다. 비동기 통신이 손쉬워진 덕분에 사람이 얼마나 자투리 시간을 활용할 수 있게 되었는지 모른다. 누구나 자신이 편한 시간에 원하는 정보에 접속할 수 있으니 말이다.

간혹 연락이나 보고를 할 때 이메일이나 라인을 사용하면 화를 내는 상사가 있다고 한다. "보고, 연락, 상담은 반드시 직접 전화로 하라고. 하여간에 버릇이 없어"라고 꾸짖는 상사나 업무 상대와는 관계를 끊거나, 뭐라고 하든 말든 끈질기게 이메일 또는 라인으로 보고, 연락 또는 상담을 하면 된다. 세상의 대다수가 전화를 버리고 이메일이나 라인으로 연락하게 된다면 그런 상대도 생각이 달라질 것이다.

나는 회사에 사표를 낼 때도 서면이 아니라 라인에 두 줄만 써서 보내면 충분하다고 생각한다. 명백히 회사를 그만두고 싶어 하는 부하 직원에게 "드릴 말씀이 있으니 시간을 내주십시오"라는 요청을 받아서 기껏 귀중한 시간을 할애했는데 결국 그만둬 버린다면 시간이 아깝다. 그만둘 사람은 알아서 그만두면 되고, 그런 사람을 붙잡아 놓는다 한들 결국 언젠가는 회사를 떠날 것이다.

비동기 통신을 손쉽게 사용할 수 있게 된 획기적인

시대에 누군가는 여전히 전화에 집착한다. 그런 사람들에게 나는 이렇게 말하고 싶다. "당신한테 쓸 시간은 없습니다"라고.

KEY POINT

» 오늘의 수신 이력을 들여다보자. 그곳에 이름이 표시된 사람들이 여러분의 귀중한 시간을 빼앗은 범인이다.

» 더는 범인이 건 전화를 받지 않도록 주의하자. 자칫 자기도 모르는 사이에 인생을 통째로 빼앗기게 된다.

» 참고로 발신 이력은 여러분이 만든 피해자 목록이다.

익숙함에
잠식된 일상은 결국
상상력의
숨통까지 조인다.

매번 같은 장소에서
같은 풍경만을
마주하는 삶은
당신 안의 우주마저
시들게 한다.

⑩ 회의 시간에는 스마트폰을 들여다보자

남을 신경 쓰는 동안 사라지는 것은 나만의 시간

　타인의 눈을 지나치게 신경 쓰는 나머지 자기 자신의 시간을 살지 못하는 사람이 많다. 유한한 인생에서 나에게 주어진 시간을 무조건적으로 양보해서는 안 된다. 그런데 상사나 선배에게 혼나지 않으려고 무의미한 규칙에 얽매여 '타인의 시간'을 사는 직장인이 많다. 굳이 자신이 있을 필요도 없는 회의에 참석해 상사의 이야기를 멍하니 듣는다. 이런 타인의 시간을 살 바에는 회의 중에 스마트폰으로 관심 가는 뉴스를 읽거나 라인 또는 이메일의 답신을 보내는 등의 방법으로 나만의 시간을 되찾는 편이 좋다.

타인의 시간을 따라 살아가는 것은 자기 자신에게 실례가 아닐까? 나는 회의 중에도 시종일관 스마트폰을 만진다. 온더에지를 창업했을 무렵, 나는 아직 20대 초반이었다. 당시는 피처폰이 없었던 시절이었지만 나는 그때부터 항상 휴대전화를 손에서 놓지 않았다. 온더에지를 취재하러 온 방송국 사람들은 그 모습에 놀란 모양이었다. 그리고 "이 회사의 사장은 회의 중인데도 휴대전화로 주가를 확인하고 있습니다. 이런 불성실한 사장도 다 있군요"라는 투로 보도했다.

나는 회의 중에 부하 직원이나 회사 외부 사람이 스마트폰을 들여다봐도 그것을 잘못된 행동으로 느끼지 않는다. 스마트폰 화면을 들여다본다고 해서 회의에 건성으로 참여하는 것은 아니다. 대체로 모든 회의가 밀도 높게 진행되는 것은 아니며, 어떤 직장에나 불필요한 회의, 의미 없는 잡담이 꽤 많은 법이다. 나는 그런 틈새 시간에 휴대전화로 필요한 정보를 얻는 편이 훨씬 효율적이라고 생각한다.

나는 창업했을 때부터 사장이었으므로 회의 중에 휴대전화를 보는 것에 대해 면전에서 지적을 받은 적은 없지만, 밖에서는 누군가 한마디 할지도 모른다. 그러나 나는 상대에 따라 태도를 바꾸지는 않는다. 어딘가의 높으신 분을 만났을 때라도 상대가 날씨 같은 아무래도 상관없는 이야기를 하면 곧바로 스마트폰을 들여다보며 나 자신의 시간을 유용하게 보낸다.

나는 이따금 아침 생방송 프로그램에 출연한다. 이 방송은 출연자가 많은 데다가, 출연자끼리 고함을 치며 싸우기도 하고 토론이 샛길로 빠지기도 하기 때문에 내가 토론에 참가하지 않는 시간이 많다. 그럴 때 나는 스마트폰으로 업무를 보거나, 엑스에서 토론에 대한 반응을 보면서 시청자에게 답글을 달기도 한다. 그러면 놀랍게도 "생방송 중에 스마트폰이나 들여다보고 있다니!"라며 설교를 늘어놓는 선도부원 같은 멍청이가 여전히 존재한다. 생방송 중에 스마트폰을 들여다보는 것이 대체 뭐가 잘못이란 말인가? '텔레비전 출연 중에 스마트폰을 들여다봐서는 안 된다'라는 규칙은 어디에도 없다. 애초에 아사히TV의 녹화 현장에서는 와이파이를 이용할 수 있고, 내가 스마트폰을 들여다보는 것에 대해 스태프가 뭐라 언급한 적도 없다. 오히려 출연자와 시청자가 엑스를 통해 실시간으로 대화를 주고받는 편이 방송도 활기를 띠고 좋을 것이다.

여러분의 직장에도 이와 같이 나 자신의 시간을 빼앗는 선도부원이 반드시 있을 것이다. "상사가 말할 때는 눈을 바라보면서 듣도록"이라든가 "회의 중에는 스마트폰을 집어넣게" 같은 말을 듣더라도 여기에 굴해서는 안 된다. 그런다고 여러분을 해고하는 회사라면 일찌감치 그만두는 편이 낫다.

수많은 사람이 모이는 중요한 회의에서 일부러라도 스마트폰을 들여다보는 용기를 갖기 바란다. 이외에도 주위의 참견이 두려워 나의 생각을 죽인 채 '타인의 시간'을 살고 있지는 않은가? 하루 24시간을 최대한으로 즐기기 위해서는 자신이 지금 '나 자신의 시간'을 살고 있는지, 아니면 '타인의 시간'을 살고 있는지에 민감해져야 한다.

KEY POINT

» '나 자신의 시간'은 자신의 의지로 자신이 하고 싶은 일을 하는 시간이다.
» '타인의 시간'은 자신의 의지와는 상관없이 타인이 시킨 무엇인가를 하는 시간이다.
» 지금 나는 '나 자신의 시간'을 살고 있는지, 아니면 '타인의 시간'을 살고 있는지 의식해 보자.

⑪
잘되기 위해서는
잘 끊는 법도 알아야 한다

상대하지 않을 사람을 구분할 것

 시간은 금이다. 타인의 시간도 마찬가지다. 누군가의 시간을 쓴다면 반드시 그에 합당한 대가를 지불해야 한다. 하지만 세상에는 아무런 생각 없이 타인의 시간을 태연하게 빼가는 사람이 의외로 많다.

 내가 보내는 메일 매거진을 읽고 있는 사람은 나를 매일 수많은 사람과 만나는 사교적인 유형으로 생각할지도 모르지만, 나는 내가 흥미를 느끼는 사람하고만 만난다. 재미없는 사람, 짜증나는 사람 그리고 내게 전화를 거는 사람처럼 소중한 시간을 빼앗는 상대와는 의식적으로 거리를 둔다.

물론 새로운 프로젝트를 시작하다 보면 어쩔 수 없이 새로운 사람을 만나게 된다. 그럴 때 첫인상을 바탕으로 '이 사람은 귀찮겠어', '까다로운 사람이네'라는 감이 오는데, 대부분 적중한다. 그런 사람과 관계를 맺으면 결국 시간만 빼앗기고 불쾌감만 남는다.

내가 운영하는 온라인 커뮤니티 HIU에도 다양한 사람이 모인다. 그중에는 친구처럼 허물없이 다가오는 사람도, 피곤함을 주는 사람도 있다. 그래서 나는 회원들에게 정기적으로 강하게 주의를 준다. HIU의 분과회는 각자 다양한 기획을 세우는데, 이때 모든 일을 내가 직접 움직여야 하는 경우엔 바로 선을 긋는다. 내 시간은 유한하고, 모든 기획에 참여할 수는 없기 때문이다. 만약 그렇게 한다면 내게 남는 시간은 '제로'가 되어버릴 것이다.

지하철, 기차 안이나 길을 걷고 있을 때 불쑥 말을

거는 것도 마찬가지다. 나는 그럴 때 불쾌함을 숨기지 않는다. 그쪽에서 '무례한 사람이네'라고 생각하든 말든 알 바 아니다. "호리에 씨 책 인상 깊게 읽었어요" 같은 인사는 고맙지만 그 이상도 이하도 아니다. 진부한 인사는 말 그대로 진부할 뿐이다. 그 말은 감상문으로 아마존 리뷰에 올리거나 엑스에 남기면 된다. 굳이 남의 발길을 멈추게 하면서까지 전해야 할 이야기는 아니다.

또 지나치게 관심을 갈구하는 사람과도 철저히 거리를 둔다. 그런 이들은 대부분 나중에 골치 아픈 사태를 일으킨다. 아무리 논리적으로 설명해도 전혀 통하지 않기 때문에 해결이 안 되는 경우가 많다.

여러분의 주변에도 악의 없이 시간을 빼앗는 사람이 있지 않은가? 앞에서 하루 24시간을 최대한 효과적으로 이용하기 위해 '하지 않을 일'을 명확히 정해 놓으라고 말한 것처럼, '상대하지 않을 사람'을 명확히 정하는 것도 그에 못지않게 중요하다. 누군가를 그저 무시하라는 뜻은 아니다. 서로 이득이 되지 않는 관계라면 정리하는 게 옳다는 의미다. 모두와 무난한 인간관계를 맺으면서 마음에도 없는 말을 하고 비위를 맞추며 살다 보면 그렇게 인생이 끝나버릴 수도 있다. 하고 싶은 일을 실현하고 싶다면 내 시간을 빼앗는 사람과는 단호하게 관계를 끝내야 한다.

KEY POINT

» 내일 이후의 일정을 살펴보자. 혹시 일정에 만나는 것이 기대되지 않는 사람은 없는가?

» 그 사람과는 다음 만남을 마지막으로 관계를 끊자. 용기가 있다면 약속을 취소해도 좋다.

» '상대하지 않을 사람'을 정하는 것이 당신의 삶을 결정한다.

⑫
끊어내지 않으면
계속 소모될 것이다

**덜 중요한 일에
중요한 자기 자신을 쓰지 마라**

　온전한 나만의 시간을 살기 위해서는 '해야 할 일'이 아닌 '하고 싶은 일'을 선택할 줄 알아야 한다. 먹고살기 위해 어쩔 수 없이 하는 일은 결국 그 일을 발주한 사람의 요구에 휘둘리게 만든다. 그리고 늘 누군가의 요청에 반응하며 살아가다 보면 그 삶은 더 이상 내 것이 아니다. "하기 싫은 일은 안 하면 돼"라고 말할 수 있는 사람이 비로소 자신의 인생을 살아가는 사람이다.

　지방 도시에서 강연 요청을 받을 때면 주최 측은 대

개 한 시간 전에 미리 도착해달라고 한다. 하지만 막상 가 보면 대기실에 누군지도 모를 사람들이 와글와글 모여 있는 경우가 많다. 이분들은 줄을 서서 내게 명함을 건네지만 2초도 지나지 않아 이름은 물론이고 얼굴조차 기억에 남지 않는다. 명함 교환이 끝난 뒤에는 뻔한 사전 협의가 반복된다. 주최자는 리허설을 하지 않으면 불안한 모양이지만 나는 그런 사전 협의에 별다른 의미를 두지 않는다. 그래서 대기 시간에는 스마트폰을 들여다보며 나만의 시간을 보낸다.

혹은 "항목별로 간단하게라도 오늘 말씀하실 내용을 미리 보내주십시오"라고 요청하는 경우도 있다. 하지만 그런 내용을 미리 보낸들 무슨 의미가 있을까? 내가 하는 강연은 최신 정보를 반영해 즉흥적으로 이루어지기 때문에 애초에 사전 원고 자체가 존재하지 않는다. 그래서 그런 요청이 와도 특별히 대응하지 않고, 당일에 바로 강연에 임한다.

무의미한 일, 수지가 맞지 않는 일, 본능적으로 거부

감이 드는 일에 얽힐 것 같으면 무시하면 그만이다. 그로 인해 누군가에게 한소리를 듣게 되더라도 그만두면 끝이다.

한때 고등학생이나 대학생들이 악덕 아르바이트 방지 연맹을 결성했다는 뉴스가 화제가 된 적이 있다. 맥도날드나 쇠고기 덮밥집 시급을 올려 달라며 시위를 벌이기도 했다. 하지만 왜 그런 비생산적인 시간에 매달리는 걸까? 아르바이트 환경이 부당하다고 느낀다면 그런 일자리는 하루빨리 떠나는 게 낫지 않을까? 얼마나 여유가 있기에 "부당 노동 반대"를 외치며 시위를 하는 것인지 의문이 든다.

이런 말을 하면 "우리는 아르바이트로 학비와 생활비를 벌어야 한다고요. 그만두면 당장 어떻게 먹고살라는 건가요?"라고 반박하는 이들이 있다. 하지만 나는 그 말이 무슨 뜻인지 잘 모르겠다. 세상에는 일이 넘쳐난다. 스스로 악덕 아르바이트 현장을 벗어나면 그만이다. "일자리는 이것밖에 없어"라는 생각은 완전한 선입견일 뿐이다. 오히려 사람들이 그 자리를 떠나지 않으니 그런 일자리가 계속 존재하는 것이다. 아무도 일하지 않으면 그 일은 자연히 사라지거나, 시급이 오르거나, 로봇이 대신하게 될 것이다.

《주간 분순》에 유니클로에서 아르바이트를 한 논픽션 작가의 잠입 취재 기사가 실려 화제가 되었다. 그는 기자 신분을 숨기고 가명을 사용해 일하며 부당한 노동 환경을 고발했다. 하지만 그렇게까지 해서 유니클로를 비판하면 무엇을 얻을 수 있을까? 기업이 아르바이트생이나 직원을 강제로 일하게 하는 것도 아닌데, 마음에 들지 않으면 그만두면 된다. 법적으로 문제가 있다면 근로 관련 공무원이 나설 일이다. 덮밥집이든 유니클로든 일이 힘들고 괴롭다면 그냥 그만두면 된다.

아르바이트나 회사를 그만두려 할 때 '부모님이 뭐라고 하실까?', '배우자가 실망하지 않을까?', '동료들에게 미안하지 않을까?' 하는 감정이 들어 때론 방해가 될지도 모른다. 하지만 세상에는 재미있는 일이 정말 많다. 하기 싫은 일을 그만둘 수 있게 되면 그때부터 인생은 달라지기 시작할 것이다.

KEY POINT

» '하지 않을 일 목록'을 만들자.
» 들어온 일 중에 이해가 잘 되지 않는 것, 계속하고는 있지만 그만두고 싶은 일을 '하지 않을 일 목록'에 집어넣자.
» 그 목록은 여러분 인생의 나침반이 된다. 하지 않기로 결정함으로써 나아가야 할 길이 나타나는 것이다.

⑬ 당신이 만든 콘텐츠가 타인의 시간을 뺏기 전에

쓸데없는 시간을 견디지 못하는 시대

시간의 흐름은 분명히 빨라지고 있다. 5년 전의 시간 감각으로 살아간다면 시대에 뒤처질 수밖에 없다.

영화 「너의 이름은.」이 히트한 이유는 무엇일까? 나는 이 작품이 오늘날의 '시간 감각'을 정확히 이해했기 때문이라고 본다. 지금 시대에 영화, 연극처럼 일정 시간에 구속되는 콘텐츠는 길고 답답하게 느껴질 수 있다. 스마트폰이 일상화되기 전에는 "심심한데 영화나 볼까?" 하는 말이 자연스러웠지만 이제는 '심심해서 영화 보러 간다'는 사람이 드물다.

스마트폰이 자투리 시간을 완전히 메우게 되면서 우리의 시간 감각도 함께 변했다. 예전에는 두 시간쯤 여유가 있으면 '한가하다'고 느꼈지만, 이제는 2분의 빈 시간도 견디기 힘들다. 현대인에게 영화 한 편조차 '길다'고 느껴지는 시대가 된 것이다.

그런 상황에서 「너의 이름은.」은 예외적으로 성공했다. 지금의 젊은 세대는 스마트폰으로 짧은 영상, 인터넷 방송을 대충 흘려보며 소비하는 데 익숙하다. 유튜브의 쇼츠 영상을 연달아 틀며 '짧고 빠르게' 콘텐츠를 소비한다. 신카이 마코토 감독과 프로듀서 가와무라 겐키는 이런 세대가 두 시간 넘는 애니메이션을 극장에서 집중해 보는 것은 어렵다고 판단했는지도 모른다.

그래서 「너의 이름은.」은 1시간 47분이라는 비교적 짧은 러닝타임을 선택했고 불필요한 장면을 과감히 잘라냈다. 또한 스마트폰을 활용한 커뮤니케이션을 자연스럽게 녹여내며 관객에게 익숙한 리듬을 제공했다.

이처럼 철저히 '시간 감각'을 고려한 연출이 관객의 취향을 정확히 저격했고, 그 결과 흥행 수입 약 3,300억 원이 넘는 메가 히트작이 되었다. 이 작품은 중국에서도 개봉해 약 6만 8천 개의 스크린에서 상영되었고, 약 922억 원의 흥행 수입을 기록했다. 아시아권에서도 이 영화의 세계관과 감각이 널리 공감을 얻은 것이다.

오늘날처럼 전 세계가 SNS로 연결된 시대에는 「너의 이름은.」처럼 시대의 분위기와 감각을 정확히 포착한 작품이 크게 히트할 가능성이 높다. 애니메이션에 큰 관심이 없던 나조차도 이 영화에는 몰입할 수 있었다. 1시간 47분 동안 지루함 없이 경쾌하게 이야기가 전개되며, "이 장면의 의미는 알겠으니 이제 다음으로 넘어가 줘"라고 느끼게 되는 요즘 영화들과 달리 템포가 아주 경쾌하다.

오늘날의 관객은 쓸데없는 시간을 견디지 못한다. 이 점을 영화 「너의 이름은.」은 정확히 이해하고 있었다. 신카이 감독은 지루함이 끼어들 틈이 없는 장면 구

성과 탄탄한 흐름을 만들어냈고, 불필요한 요소는 모두 덜어냈다.

결국 「너의 이름은.」이 보여주듯, 시대를 읽고 히트작이나 성공적인 서비스를 만들기 위해서는 오늘날의 빠른 시간 감각을 제대로 인식하는 것이 중요하다.

KEY POINT

» 당신이 만들어내고 있는 서비스나 제품은 '타인의 시간'을 얼마나 빼앗을까? 그 시간을 줄일 수 있는 방법을 생각하자.
» 이를테면 5분 마사지를 만들어 보거나 30분 코스 요리를 만들어 보는 등 지금의 '시간 감각'을 의식해보자.

5장

관성대로 하지 마라, 반골 기질을 깨워라

⑭ 세상은 '원액'을 만드는 사람과 '희석'하는 사람으로 나뉜다

내가 쉬는 동안에도 일할 분신을 만들어라

평소 "시간이 없어"라고 한탄하는 사람이 많다. 하지만 아무리 불평해도 하루가 25시간이 되지는 않는다. 그러나 자신을 두 명, 세 명, 네 명…… 무한히 증식시키는 방법이 존재한다.

모두가 똑같이 하루 24시간을 살아가지만 놀랄 만큼 많은 일을 해내는 사람이 있는가 하면, 늘 바쁘다는 말만 하며 움직임이 적은 사람도 있다. 이 차이는 단순한 노력이나 업무량의 문제가 아니라, '원액'을 만들 수 있느냐 없느냐의 차이다.

 '원액'을 만든다는 건 무슨 의미일까? 아마 나를 처음 알게 된 독자 중엔 TV에서 나를 본 사람이 많을 것이다. 예전만큼은 아니지만 아직도 TV의 영향력은 크다. TV를 보고 나에게 흥미를 느낀 시청자가 책을 구입하거나 메일 매거진을 구독하고, HIU에 입학한다면 이는 일종의 무료 광고 효과라 할 수 있다.

 물론 방송을 녹화하는 데는 시간이 많이 들고, 진행자의 질문도 판에 박힌 경우가 많아 나는 가능한 한 출연을 줄이려고 한다. 그럼에도 불구하고 사람들은 "요즘 TV에 자주 나오시네요"라고 말한다. 사람들의 기억 속에는 '호리에=TV에 자주 나오는 사람'이라는 이미지 공식이 남아 있기 때문이다.

 왜 그럴까? 그건 내가 엑스에서 던진 발언이 방송에서 소개되고, 내가 없는 스튜디오에서 출연자들이 그 발언을 두고 토론을 벌이기 때문이다. 방송에는 내 사진도 함께 나오기에 마치 내가 직접 출연한 듯한 인상을 주는 것이다.

이런 구조는 놀라울 정도로 효율적인 홍보 방식이다. 쉽게 말해 나는 '칼피스(일본의 유산균 음료수 브랜드) 원액'을 만들고 있는 셈이다. 칼피스라고 하면 요즘은 자판기나 편의점에서 파는 묽은 칼피스 워터를 떠올리기 쉽다. 하지만 내가 어릴 때는 대부분의 가정에 캔에 담긴 진한 원액이 있었다. 이 원액은 그대로 마실 수 없을 만큼 진했지만 물에 희석하면 여러 잔의 칼피스 워터를 만들 수 있었다. 컵에 원액을 조금씩만 넣고, 최대한 많은 잔을 만들어내는 것이 요령이다.

TV 지상파 미디어는 이처럼 '칼피스 원액'을 대중이 마실 수 있을 정도로 희석해 전달하는 구조라 할 수 있다. 미디어에서는 내가 평소 메일 매거진이나 엑스에서 한 주장을 쉽게 풀어 전달하고, 이 방송 내용을 인터넷 뉴스나 SNS에서 한 번 더 요약하거나 가공한다. 즉 내가 만든 '원액' 하나가 아메바처럼 확산되어 수많은 콘텐츠로 재생산되는 것이다.

이처럼 나는 직접 움직이지 않아도, 내 생각과 메시지가 여러 경로로 전파되며 마치 '수많은 내가 일하는 것 같은' 효과를 낸다. "시간이 없어"라고 고민하는 사람들에게 다시 한번 강조하겠다. 하루는 누구에게나 똑같이 24시간이다. 중요한 건 그 한정된 시간 안에 자신만의 아이디어를 만들어내는 것이다. 참여하는 프로젝트가 적고, 존재감이 희미한 사람은 대부분 남이 만든 원액을 희석하는 일만 하고 있다. 그러나 창업가나 크리에이터 등 '어떻게 저렇게 많은 일을 해낼까?'라는 인상을 주는 이는 모두 자기만의 '원액'을 만들고 있는 사람들이다.

예를 들어 아이돌 프로듀서이자 영화감독, 방송 작가, 소설가, 교수로도 활동하는 아키모토 야스시는 혼자서 도저히 불가능해 보일 만큼 많은 프로젝트를 동시에 이끌고 있다. 그 비결은 간단하다. 그가 만드는 모든 것이 '원액'이기 때문이다.

맛이 옅은 칼피스 워터밖에 만들지 못하는 인생은

따분하다. 기왕이면 손에 진한 칼피스 원액을 들고, 주위 사람들에게 대량의 칼피스 워터를 나눠주자. 그런 농밀한 원액으로 가득한 인생을 살아가자. 세상에는 두 종류의 사람이 있다. '원액'을 만드는 사람과 '원액'을 희석하는 사람. 원액을 만들 수 있다면 당신의 분신이 스스로 알아서 일을 해줄 것이다. 당신은 지금, 원액을 만들고 있는가?

KEY POINT

» 자신만의 원액이 존재하는지 가장 알기 쉬운 방법은 여러분이 회의에서 한 발언이 저절로 재생산되어 많은 사람을 움직이고 있는지 생각해보는 것이다.
» 여러분의 발언이나 아이디어에 여러분이 모르는 사람까지 열광하고 움직일 수 있다. 그런 일을 하려고 의식하자.

(15)

교양이 없으면
뿌리 얕은 나무처럼 흔들린다

삶의 진정한 무기가 되는 꾸준한 학습

앞에서 '원액'을 만들라고 했지만 무작정 여기저기 뛰어다닌다고 해서 원액이 만들어지는 건 아니다. 그렇다면 어떻게 해야 원액을 만들 수 있을까? 바로 '교양'을 익히는 것이다.

여기서 말하는 교양이란 표면적인 지식이나 단순한 노하우가 아닌, 시대가 바뀌어도 변하지 않는 본질적인 것을 꿰뚫는 힘을 말한다. 나는 무엇이든 의문이 생기면 끝까지 파고드는 성격이다. 2006년, 나는 라이브도어 사건으로 인해 도쿄지검 특수부에 체포된 적이 있다. 당시 언론은 여론을 자극했고, 검찰은 분명히 나를 타깃으로 정해 움직였다. 이 상황이 도무지 납득되지 않았던 나는 검찰이라는 조직 자체를 역사부터 해외 사례까지 철저히 조사했다. 이것이 바로 교양을 얻는 과정이다.

그렇다면 현대 일본 검찰은 어떻게 생겨났을까? 그 뿌리는 1909년 일본제당 독직 사건까지 거슬러 올라간다. 에도시대까지만 해도 평민이 관리나 권력층을 추궁한다는 건 상상도 할 수 없는 일이었다. 그러나 이 사건에서는 검찰관이 고위층을 체포했고, 서민들은 이에 환호를 보냈다. 이 사건을 계기로 검찰이라는 조직이 주목받기 시작한다. 이전까지만 해도 엘리트 코스는 육군성이나 해군성이었고, 사법성은 '삼류 관청'으로 여겨졌지만, 이 사건을 이끈 히라누마 기이치로는 검찰의 위상을 드높인 인물이 된다.

그는 이후 대심원 검사국 총장, 대심원장(지금의 대법

원장), 그리고 내각 총리대신의 자리까지 오른다. 히라누마는 검찰의 권력을 정치적 무기로 활용할 수 있다는 걸 깨닫고, 언론과 손잡아 여론을 등에 업고 정치가로 변신한다.

이런 흐름은 일본에만 국한된 이야기가 아니다. 뉴욕 시장이었던 루돌프 줄리아니도 검찰관 출신이었다. 그는 '정크 본드의 제왕' 마이클 밀켄을 체포하며 대중의 박수를 받았고, 이를 계기로 정치적 입지를 다졌다. 즉 누군가를 '가상의 적'으로 설정하고 체포하여 여론의 지지를 얻고, 언론이 그 프레임을 확산시키는 구조는 세계 어디에서나 반복된다.

이런 맥락은 표면적인 뉴스나 정보만으로는 절대 보이지 않는다. 역사의 흐름을 깊이 있게 파고들고, 해외 사례까지 비교해보아야 비로소 본질에 닿을 수 있다. 이것이 바로 교양이다. 이처럼 교양이라는 '줄기'가 있으면 다양한 사건과 현상이라는 '가지'와 '잎'을 얼마든지 이해하고 설명할 수 있다.

예를 들면 『사피엔스』는 페이지가 상당하지만 교양을 체계적으로 익히기에 매우 좋은 책이다. 이 책은 현생 인류인 호모 사피엔스가 왜 사람속 중에서 유일하게 살아남아 번영할 수 있었느냐는 의문에 명쾌하게 설명한다. 그 핵심은 호모 사피엔스는 '상상적 허구'를 만들어냄으로써 대규모 협력체계를 가능하게 했다는 점이다. 이 책을 읽으면 "현금 지상주의를 버려야 한다", "국민국가는 사라질 것이다"라는 나의 주장 또한 이해할 수 있을 것이다.

나는 늘 언제나 시대보다 한두 걸음 앞선 비전을 제시하려고 한다. 그리고 그것이 실제로 가능한 이유는 시스템의 본질과 역사의 변천을 꿰뚫는 깊은 교양을 갖추고 있기 때문이다. 반대로 교양이 없는 사람은 언제나 눈앞의 변화에 휘둘리며 '그때그때 처리하는 톱니바퀴' 정도로 끝나고 만다. 하지만 교양이 있는 사람은 장르를 넘나드는 시야와 본질을 보는 힘, 그리고 마침내 '원액'을 만들어낼 수 있다.

'급할수록 돌아가라'는 말은 여기에도 그대로 적용된다. 무언가 궁금한 것이 생겼다면 표면적인 정보나 기술에 머물지 말고 그 뿌리와 맥락, 역사와 구조까지 깊이 파고들자. 본질을 이해할 때 진짜 변화와 실행이 시작되는 법이다.

KEY POINT

» 무엇인가 의문이 솟으면 그 역사를 깊이 파고들어 근간부터 이해하자.
» 요즘 유행하는 책 열 권을 읽기보다 뼈대 있는 교양서 한 권을 제대로 읽자.
» 교양을 몸에 익히는 것만으로는 의미가 없다. 눈앞의 업무나 비즈니스에 구체적으로 활용하자.

⑯ 모르는 것은 창피한 일이 아니다

세상에 쓸모없는 궁금증은 없다

"호리에 씨는 어떻게 그렇게 박학다식하신가요?"라는 말을 종종 듣는다. 그 이유는 단순하다. 궁금한 것이 생기면 그 자리에서 바로 조사해보거나 아는 사람에게 곧장 물어보기 때문이다. 이 단순한 습관만으로도 지식과 정보는 한없이 늘어난다.

회의 중에 모르는 용어가 나오면 스마트폰으로 검색하면 된다. 또는 모르는 것이 있으면 눈앞에 있는 사람에게 "이건 뭐예요?"라고 물어보면 된다. 그런데 놀랍게도 이처럼 간단한 행동도 하지 않는 사람들이 세상엔 너무 많다. 물어보지 않고 창피해하고, 괜히 아는 척하느라 배움의 기회를 스스로 차단해버리는 것이다.

나는 '데리야키스트'(호리에 다카후미가 만든 맛집 소개 사이트 '데리야키'의 맛집 큐레이터를 지칭하는 말 -옮긴이)로서 맛집을 찾아다니고, 와규마피아를 만들고, 에조사슴 생햄을 프로듀스하면서, 요리와 식재료에 대해 궁금한 것이 생기면 직접 조사하거나 전문가에게 물어봤다. 그러다 보니 어느새 요리와 식재료에 관한 지식이 쌓여 나도 모르게 박식해졌다. 지식은 머리로만 외우는 게 아니라 삶과 연결될 때 비로소 '내 것'이 된다.

예를 들어 달걀말이에는 달콤한 맛을 내는 간토식과 맛국물을 써서 섬세한 맛을 내는 간사이식이 있다. 내가 아는 한 가게에서는 혀가 녹을 만큼 부드럽고 달콤한 간토식 달걀말이를 만들기 위해 포화 농도에 가까운 설탕을 정확히 계량해서 넣는다고 한다. 이는 파티시에의 기술을 달걀말이에 적용한 사례다. 파티시에의 세계에서는 계량이 철칙이다. 감각으로 양을 어림잡아 넣는 일 따위는 존재하지 않는다. 그들의 상식을 조리할 때 슬쩍 가져다 쓰는 것만으로도 요리의 퀄리티가 확연히 달라질 수 있다.

"왜 이 가게의 달걀말이는 특별히 맛있을까?", "왜 내가 만든 건 이런 맛이 안 나지?" 이처럼 별것 아닌 것처럼 보여도, 아주 사소한 의문도 계속 가져야 한다. 질문거리는 전문가에게 솔직하게 물어보기만 해도 살아 있는 정보를 얻을 수 있다. 인터넷보다 빠르고 책보다 생생하다. 질문은 결국 지식의 문을 여는 열쇠다.

나는 모르는 것을 창피해하지 않는다. 앞에서 말한 '교양'과 달리, 표면적인 정보나 기술은 인터넷 검색이나 질문만으로도 빠르게 습득할 수 있다. 2017년 7월, 나는 J리그와 고문 계약을 맺었다. 솔직히 말하자면 축구에 대한 나의 지식은 일반 독자와 큰 차이가 없다. 그저 일본 대표팀의 경기를 TV로 볼 뿐이었다. 하지만 그건 문제가 되지 않았다.

중요한 건 '모르는 것을 어떻게 다루느냐'이다. 질문하는 걸 두려워하지 않고, 그 분야의 전문가에게 겸손하게 배우면 된다. "이런 걸 물어보면 바보 같아 보이지 않을까?"라는 걱정은 하지 않는다. 그들이 나에게 원하는 것은 내가 다른 비즈니스에서 쌓아온 통찰과 감각이지 축구 지식이 아니기 때문이다. 나는 그 자리에서 필요한 정보를 물어보고, 거기에 나의 견지를 더해 전혀 다른 시각을 제시한다.

나는 호리에몽 닷컴의 기획으로 매주 대학 교수, 과학자, 의사, 연구자, 창업가 등 다양한 전문가들과 대담을 나눈다. 그 내용을 메일 매거진으로 정리해 텍스트로 발행하고 있는데, 읽어보면 알 수 있겠지만 나는 늘 '학생의 마음'으로 무엇이든 질문한다. 물론 대화가 깊어지려면 최소한의 기초 지식은 필요하다. 정치든, 경제든, 역사든, 과학이든, 기초 교양 없이 좋은 질문을 던지는 건 불가능하다. 기초가 있어야 맥락을 이해하고, 맥락이 있어야 대화가 살아난다. 기초적 교양과 지식을 갖춘 다음, 최신 정보는 책을 읽거나 전문가에게 배우면 된다. 인터넷 검색도 훌륭한 도구가 된다. 중요한 건 그 '골격'을 갖추는 일이다. 기초 교양이 튼튼하다면 '검색하는 힘'과 '질문하는 힘'으로 새로운 지식을 얼마든지 붙일 수 있다.

결국 모르는 것은 부끄러운 일이 아니다. "물어보는 건 잠깐의 창피, 물어보지 않으면 평생 창피"라는 말이 있다. 하지만 나는 아예 창피하다고 생각하지 않는다. 요즘은 구글에 검색만 해도, 모르는 건 순식간에 해결된다. 무지보다 더 큰 문제는 묻기를 두려워하는 마음 그 자체다.

KEY POINT

» 모르는 것은 창피한 일이 아니다. 무엇이든 창피해하지 말고 질문하는 습관을 들이자.
» 아이들은 "왜?"라고 끊임없이 질문하기에 성장이 빠른 것이다.
» 회의 중이나 미팅 중에 모르는 것이 있으면 스마트폰으로 재빨리 검색하자.

⑰ 일 잘하는 사람은 질문이 뾰족하다

원하는 답을 얻는 질문을 던져라

궁금한 것이 있고, 모르는 게 있다면 무엇이든 물어보면 된다. 그 자체는 아주 당연하고 바람직한 자세다.

하지만 나는 매주 메일 매거진에서 Q&A 코너를 운영하고, 토크 이벤트 등에서 질의응답을 받다 보면 질문을 잘하지 못하는 사람이 너무 많다는 사실에 자주 놀란다. 막연한 질문에는 막연한 대답밖에 할 수 없고, 전제 조건이 명확하지 않은 질문은 아예 답변 자체가 불가능할 때도 있다. 질문 능력은 비즈니스뿐 아니라,

협업과 관계에서도 필수적인 능력이다. 질문을 올바르게 하지 못하면, 본질적인 아이디어를 끌어내지 못하고 결국 자신과 상대방 모두 시간만 낭비하게 된다.

그렇다면 '질문을 못하는 사람'은 어떤 특징이 있을까? 떠오르는 예시들을 몇 가지 나열해보겠다. 혹시 자신도 여기에 해당하지 않는지 확인해보자.

① FAQ 수준의 어리석은 질문을 수없이 한다.

예를 들어 "호리에 씨는 어떤 메일 매거진을 구독하시나요?", "하루에 몇 시간을 주무시나요?", "추천하는 만화는 무엇인가요?" 이런 질문들은 내가 정말 수없이 받아왔다. 검색하면 바로 나오는 정보인데, 굳이 나에게 직접 물어보는 건 단순한 궁금증을 넘어서 '유명인에게 확인받고 싶은 욕구'일지도 모르겠다. 하지만 바쁜 상대에게는 '검색해도 알 수 없는 것'만 묻는 것이 기본적인 예의다.

② 논점이 뒤섞여 있다.

예시 "고양이의 살처분을 없애고 싶은데 업계가 단결이 안 됩니다. 자원봉사자는 펫숍을 공격하고, 고양이의 혈통을 평가하는 캣쇼는 여전히 인기가 많죠. 영향력 있는 사람이 좀 더 발언을 해줬으면 좋겠습니다. 어떻게 해야 한다고 생각하시나요?"

여기엔 한두 가지 문제가 아니라, 여러 논점이 한꺼번에 얽혀 있다. 질문자 본인도 자신이 뭘 묻고 싶은지 제대로 정리하지 못한 상태인 경우가 많다. 이런 질문에는 명확한 조언을 주는 것이 어렵다.

③ 전제 조건이 명확하지 않다.

예시 "호리에 씨는 지금 초등학생이라면 무엇을 하고 계시겠습니까? 창업을 하셨을까요?"

이런 질문은 흥미롭지만 정답이 있을 수 없는 물음이다. 가정환경은 어떤지, 기술 환경의 조건은 동일한지 등 조건 하나하나에 따라 전혀 다른 결과가 나올 수 있다. 전제가 없으면 답도 없다.

④ 불필요한 정보를 장황하게 설명한다.

예시 "증권회사에서 일하다가 2월 10일에 그만뒀습니다. 지금 AI라든가 공유 경제 같은 것이 보급되고 있는데, 앞으로 자산 운용의 방식이 달라질까요?"

질문 자체도 불명확하지만, 맥락 없는 자기소개와 뜬금없는 정보 나열은 오히려 본론을 가리는 잡음이 된다. 질문은 짧고 핵심적으로, 설명은 최소한으로 하는 것이 기본이다. 강연장에서는 질의응답 시간에 나에게 질문하는 척하면서 사실상 자기 자랑이나 주장만 장황하게 늘어놓는 사람도 많다. 결국 질문이 무엇이었는지 본인도 까먹고 마는 경우도 허다하다. 그럴 바엔 차라리 일기장에 써두는 편이 낫다.

⑤ 이미 듣고 싶은 대답이 정해져 있다.

질문을 하는 시점부터 이미 머릿속에 정답을 정해둔

사람도 있다. "세상은 평화로워야 한다", "원자력 발전소는 위험하다" 같은 전제를 내세우며, 내가 그 의견에 동조해주기를 바라는 식이다. 이건 질문이 아니라 '확인받고 싶은 주장'에 가깝다. 질문을 가장한 자기 확신은 대화가 아닌 독백에 불과하다.

솔직히 이런 유형은 더 나열하자면 끝도 없지만 이쯤에서 마무리하겠다. 어쨌든 질문 능력을 키우기 위해 가장 중요한 자세는 단 하나, '진짜 알고 싶은 것을 명확하고 간결하게 묻는 것'이다. 좋은 질문을 하지 못하면 여러 프로젝트를 동시에 고속으로 이끌어가는 능력은 절대 생기지 않는다. 질문력은 사고력이며, 곧 실행력임을 명심하자.

KEY POINT

» SNS에 적는 글도 장황한 편이라면 '질문 능력'도 부족할 가능성이 높다.
» 간결한 문장을 쓰는 연습, 짤막하게 이야기하는 연습을 하자.

⑱
"회의합시다"
이 말이 회사를 망친다

회의의 99퍼센트는 필요 없다

 질문을 제대로 하지 못하는 사람이나, 이야기나 이메일, 각종 문서의 내용이 쓸데없이 긴 사람에게는 공통된 문제가 있다. 그건 바로 자신의 머릿속에서부터 문제를 정리하고 언어화하지 못한다는 점이다. 이런 사람들이 모여서 회의를 하면 논점이 뒤섞이고, 문제는 더 복잡해진다.

 "회의는 춤춘다. 그러나 진전은 없다." 이 유명한 말은 나폴레옹 전쟁 이후, 각국 대표들이 모여 빈 회의를 열었을 때 나온 표현이다. 몇 달이 지나도록 의견이 모이지 않자 사람들은 이 말을 남겼고, 이후로는 의미 없는 회의를 풍자하는 비유로 자주 사용되고 있다. 이처럼 논점이 흐릿한 회의 방식으로는 여러 프로젝트를 빠르게 진행하는 건 애초에 불가능하다.

회의는 속도감 있게 진행하면서 다음 단계로 넘어가는 흐름이 중요하다. 앞서 말했듯 HIU의 참가자 중 한 명에게 이런 질문을 받은 적이 있다. "살처분당하는 고양이가 너무 불쌍한데, 왜 영향력 있는 사람들은 이 문제에 대해 더 많은 발언을 하지 않나요?" 질문자는 "불쌍하다", "왜 행동하지 않는가"라는 말을 반복했지만 감정적인 어필로는 어떤 문제도 해결되지 않는다.

무엇보다 문제 자체가 명확히 정리되지 않은 상태였다. 질문자의 목적이 '고양이 살처분 자체를 줄이고 싶은 것'인지, 아니면 '영향력 있는 사람의 협력을 원하는 것'인지 모호했다. 후자는 단지 하나의 수단일 뿐이고, 진짜 문제의 본질은 '고양이 살처분을 중지시키는 것'이 아닐까? 이처럼 수단과 목적이 뒤섞이면 올바른 접근이 어려워진다.

먼저 무엇을 해결하고 싶은지 핵심을 분리하고 정리하는 작업이 필요하다. 그 후, 열심히 이야기를 들어보니 다음과 같은 정보들이 나왔다. 감정에 휘둘리기 전에 이런 사실 기반의 정보를 먼저 공유해야 비로소 건설적인 논의가 가능해진다.

- 살처분되는 개나 고양이의 수는 연간 20만 마리에서 8만 마리까지 줄었지만 여전히 많다.
- 주인이 키울 수 없게 되어 보건소에 맡기거나 번식한 고양이로 인해 피해를 입은 주민이 직접 잡아 맡기기도 한다.
- 입양될 고양이가 아니면 보건소는 비용 문제로 키울 수 없고, 결국 살처분하게 된다.

이 정도의 정보만 있어도 다음과 같은 아이디어를

금방 떠올릴 수 있다.

- 고양이를 좋아하는 사람들을 대상으로 크라우드 펀딩을 진행한다.
- 고양이를 좋아하는 배우나 연예인에게 인플루언서로서 홍보를 요청한다.
- 크라우드 펀딩으로 모은 자금을 사용해 무인도를 사들인다.
- 살처분 직전의 고양이들을 그 섬으로 피난시킨다.
- 고양이를 좋아하는 사람들을 위한 이벤트나 투어를 운영한다.
- 외국어 웹사이트를 제작해 해외 고양이 애호가들도 참여할 수 있게 한다.
- 섬의 입장료 수익은 고양이 사료비나 구조 활동에 재투자한다.

무인도는 외부 환경과 완전히 분리되어 있으므로 주

민 피해나 환경 오염 문제도 걱정하지 않아도 된다. 정보가 더 많아질수록, 아이디어도 그만큼 풍성해진다.

정리하자면 쓸데없는 회의를 줄이기 위해서는 아래 세 가지 원칙을 철저히 지켜야 한다.

① 해결하려는 문제를 명확히 한다(자기 홍보는 그만두고 결론부터 말하자).
② 필요한 정보를 수집한다.
③ 감정에 휘둘리지 말고 논리적으로 판단한다.

이 세 가지 원칙은 어릴 적 초등학교 때도 배웠을 만큼 기본적인 것이지만 놀랍게도 이걸 지키지 않는 사람들이 정말 많다. 이야기가 장황해지면 결론은 나오지 않고 결국 "내일 다시 회의를 계속하겠습니다"라는 말로 흐지부지 마무리된다. 이런 방식으로는 아무 일도 끝낼 수 없다.

여기서 설명한 세 원칙만 지켜도 한 시간이 걸리던

회의는 30분으로, 그리고 더 익숙해지면 15분으로도 충분해진다. 회의는 길게 하는 것이 아니다. 명확하게 하는 것이다.

그리고 한 가지 더 명심할 것은, 남들이 하는 일을 습관처럼 따르지 않아야 한다는 점이다. 회사에서는 당연히 회의를 하는 것이라고 생각하지 마라. 당연한 것은 없다. 회사에서 회의를 하는 것, 내게 맡겨진 일을 하는 것 등 기존의 관성을 탈피하고 내면의 반골 기질을 계속해서 깨우기를 바란다.

KEY POINT

» 스케줄표를 보고 회의 일정을 확인하자.
» 그 회의에서 무엇을 결정하는지 바로 대답할 수 있는가? 당연한 말이지만 무엇을 결정하는지 모르는 회의에서 무엇인가가 결정되는 일은 영원히 없다.
» 그 회의에 필요한 정보를 확실히 갖고 있는가? 당연한 말이지만 필요한 정보가 없으면 올바른 판단으로 이어지지 않는다.
» 회의 도중 감정을 담고 있지 않은가? 당연한 말이지만 감정이 우선될 때는 모든 회의가 무의미하다.

나는 여전히 많은 사람이 "모든 일에 최선을 다 하지 않으면 불성실하다"라고 믿는다는 사실에 놀란다. 안타깝게도 그런 사람일수록 업무 속도는 느리고 성과는 평균 이하인 경우가 많다.

세상의 평균이라는 함정에 빠지지 마라

(19)

당신이 바쁜 것은 무의미한 일에 많은 시간을 쓰기 때문

모든 업무는 스마트폰으로 해결할 수 있다

아직도 팩스나 전화를 사용해 일하는 사람이 있다는 사실을 믿기 어렵다. 수많은 프로젝트를 동시에 추진하려면 업무 생산성을 높이겠다는 의식 자체가 기본이 되어야 한다.

나 역시 지금 수많은 프로젝트를 동시다발적으로 진행 중이다. 솔직히 말해 나조차도 그 전모를 한눈에 파악할 수 없을 만큼 많다. 하지만 놀라운 건 그 대부분의 일을 스마트폰 하나로 처리하고 있다는 점이다. 컴퓨터는 거의 사용하지 않는다.

스마트폰이 보급되면서 나의 업무 효율은 비약적으로 향상되었다. 예전에는 메일 매거진 원고를 쓸 때 주로 맥북 에어를 사용했지만 지금은 스마트폰 자판 입력 속도가 키보드보다 빠르다. 이제는 원고를 쓸 때조차 굳이 컴퓨터를 켤 필요가 없다. 문장 예측 변환 기능까지 활용하면 장문 입력 속도도 컴퓨터와 큰 차이가 없다. 업무 협의, 지시, 의견 수집은 프로젝트별로 라인, 메신저, 이메일 등으로 빠르게 처리한다. 그 자리에서 바로 해결하면 업무가 쌓이지 않기 때문에 스트레스를 받을 일도 자연스레 줄어든다. 그리고 상대의 얼굴을 보며 대화하고 싶을 때는 스카이프를 쓴다. 이것도 물론 스마트폰으로 해결 가능하다. 상대방이 국내에 있든, 해외에 있든 간에 장소는 전혀 문제가 되지 않는다.

이제 컴퓨터는 주로 큰 화면으로 영상을 볼 때 정도만 사용한다. 사실상 텔레비전 대용인 셈이다. 하지만 요즘엔 굳이 큰 화면으로 보고 싶은 영상도 많지 않기 때문에 컴퓨터가 없어도 전혀 불편함을 느끼지 않는다. 스마트폰의 최대 저장 용량이 계속 확장되면서 이전처럼 용량 부족에 시달릴 일도 없다. 애플 뮤직으로 원하는 음악을 마음껏 듣고, 각종 OTT에 가입하면 영화, 드라마 등 각종 콘텐츠가 넘쳐난다.

일을 할 때나, 쉴 때나, 물건을 살 때나, 사람들과 소통할 때도 스마트폰 하나로 전부 해결할 수 있는 세상이다. 나는 피트니스 센터에서 운동을 할 때도 스마트폰을 옆에 둔다. 러닝머신에서 15분 뛰고, 잠깐 쉬면서 걷는 15분 동안 스마트폰으로 업무를 처리한다. 잠깐 일하고 다시 달리기를 반복한다. 개인적으로 스마트폰을 쓸 수 없는 수영은 잘 하지 않는다.

하루 종일 사무실에 앉아 컴퓨터를 보고, 회의실에서 끝없는 회의를 반복하는 회사원들도 이제는 어렴풋이 느끼고 있지 않을까? "굳이 회사에 와서 일할 필요가 있을까?", "컴퓨터가 꼭 필요한가?" 많은 사람이 타성과 관습, 조직의 눈치와 동조 압력 속에서 지금 시대에 맞지 않는 방식, 비효율적인 루틴에 자신도 모르게 휩쓸려 있다. 그러나 요즘 세상은 장시간 노동과 부당한 업무 환경을 점점 더 비판적으로 바라본다. 가까운 미래에는 로봇화와 자동화가 가속화되며 인간의 노동 시간은 점점 줄어들 것이다.

그때 제일 먼저 도태될 대상은 바로 생산성이 낮은 사람들이다. "직접 만나야 한다", "회사에 나와야 한다", "자료는 반드시 종이에 인쇄해서 전달해야 한다" 이런 생각은 논리도, 근거도 없다. 단지 관성일 뿐이다. 그 생각을 바꾸는 것만으로도 업무는 단숨에 효율적으로 진행될 수 있다.

KEY POINT

» 어제 한 일을 떠올려보자. 그중에 스마트폰으로는 할 수 없었던 업무가 있는가?

» 스마트폰으로 할 수 없다는 것은 단순한 선입견이 아닐까?

» 모든 업무를 스마트폰으로 시도해보자. 구체적 실행 방법은 찾으면 나오게 돼 있다.

⑳ 업무 메일에 안부 인사를 쓰지 말아야 하는 이유

중요한 건 업무의 속도가 아닌 리듬

일이 느린 사람은 백이면 백, 모두 리듬이 나쁘다. 중요한 건 '속도'가 아니라 '리듬'이다.

업무를 하다 보면 갑작스럽게 전화가 오거나, 누군가 말을 걸어 이메일이나 라인 메시지를 처리하던 흐름이 뚝 끊겨버릴 때가 있다. 업무 리듬이 무너지면 나는 참을 수 없을 만큼 짜증이 난다. HIU에서 운영하는 페이스북 온라인 그룹에도 종종 리듬을 깨뜨리는 장문의 글이 올라오곤 한다. 그럴 땐 속으로 이렇게 외친다.

"너무 길어!" 쓸데없이 용량만 큰 파일이나, 몇 페이지나 되는 PDF 파일을 첨부해서 이메일로 보내는 사람도 마찬가지다. 굳이 PDF로 만들지 말고 본문에 텍스트로 붙이면 훨씬 간단하고 명확하다. 의미 없는 첨부 파일을 보내는 사람과는 되도록 함께 일하고 싶지 않다.

이런 이야기를 하면 "호리에 씨는 성격이 급해서 그런가 보다" 하고 단순히 넘기는 사람도 있지만 본질은 성격의 문제가 아니라 '리듬'의 문제다. 다시 말하지만 일에서 정말 중요한 건 속도가 아니라 리듬이다.

나는 이메일을 받으면 즉시 답장하고, 라인 메시지로 빠르게 의견을 주고받는다. 긴 텍스트는 자투리 시간에 훑어보고 중요한 건 바로 처리한다. 그런데 이메일에 무거운 첨부 파일이라도 들어 있으면 메시지를 여는 데 시간이 걸리고 그 사이에 리듬이 끊긴다. 그건 마치 차가 막혀서 주행 흐름이 끊기는 것과 같다.

마라톤이나 조깅을 해본 사람이라면 이해할 것이다. 방해 없이 시원하게 뚫린 길을 달릴 때 그 리듬이 얼마나 기분 좋은지. 하지만 신호등에 자꾸 걸리거나, 앞사람과 부딪혀 걸음을 멈추게 되면 지금까지 잘 이어져 오던 페이스가 순식간에 무너진다. 피로도 더 빨리 온다. 쓸데없는 파일 첨부나 장문의 이메일을 연속으로 보내는 사람은 마라톤에서 남의 리듬을 흐트러뜨리는 무능한 러너와 다름없다.

이메일에 쓸데없는 안부 인사를 하거나 근황을 묻는 것은 필요 없다. 처음부터 결론을 말하라. 단순하고 명확한 커뮤니케이션이야말로 업무를 부드럽고 효율적으로 진행시키는 힘이다.

같은 내용을 계속 장황하게 말하거나, 핵심 없이 복잡하게 표현하는 사람들이 있다. 그럴수록 정작 본인이 무슨 말을 하고 싶은지 제대로 전달하지 못한다. 나는 그들에게 종종 이렇게 되묻는다. "그래서, 대체 무슨 말을 하고 싶은 거예요?" 그러면 제대로 대답하지 못하는 경우가 대부분이다. 타인의 리듬을 깨뜨리고, 자신의 페이스에 억지로 끌어들이려는 사람과 엮이면 여러 프로젝트를 효율적으로 진행하기 어렵다.

나는 언제나 리듬을 타듯 경쾌하게 일한다. 리듬을 방해하는 불협화음은 과감히 걷어낸다. 일할 때는 장애물이 없는 코스를 깔끔하게 달린다는 마음으로 임한다. 그렇게 해야 끊임없이 리듬을 망치는 무능한 러너들을 단번에 제치고 앞으로 나아갈 수 있다.

혹시 스스로 일의 속도가 느리다고 생각하는가? 그렇다면 지금 자신의 리듬을 점검해보자. 자료를 검토하는 도중에 전화가 오고, 통화를 마친 뒤에는 다시 처음부터 문서를 읽곤 한다면, 이런 식으로는 시간이 아무리 많아도 부족할 수밖에 없다.

KEY POINT

» 본인의 퇴근 시간을 두 시간 앞당긴다고 생각하며 일해보자.
» 그렇게 하면 효율적으로 업무를 끝내기 위해서는 어떻게 해야 할지 생각하게 된다.
» 중요한 점은 끝나지 않는 업무를 근무 시간을 늘려서 해결하려고 하지 않는 것이다.

일단 즉시 실행하고
달리면서 생각하자.
오래 고민하고
망설임이 긴 사람보다
엉성하게라도 먼저
움직인 사람이
더 멀리 간다.
인생은 때로
완성도가 아니라
실행 속도가 결정한다.

㉑
의외로 바쁜 사람일수록 답신이 빠르다

일이 많아서 일이 정체된다는 어리석은 착각

사실 바쁜 사람일수록 답신이 빠르다. 가령 출판사 겐토샤의 겐조 도루 사장이나, 사이버에이전트의 후지타 스스무 사장도 답신 속도가 굉장히 빠르다.

나의 디지털 업무 원칙도 같다. "이메일이나 라인은 즉시 답신한다", "메시지를 본 순간부터 10초 안에 답장한다", "정체를 만들지 않는다", 일을 잘하는 사람에겐 답신이 빠르다는 한 가지 공통점이 있다.

그리고 바쁜 사람일수록 해야 할 일을 쌓아 두지 않

는다. 도로 정체, 백화점 대기줄, 인기 많은 음식점의 줄도 마찬가지다. 사소한 병목 하나가 전체 흐름을 막아 기다리는 줄을 길게 만든다. 하지만 그 병목만 제거하면 주문이 몰리는 식당조차 물 흐르듯 일 처리를 하며 효율을 높일 수 있다.

많은 직장인은 출근하자마자 메일함에 쌓인 메시지부터 처리한다. 가령 이메일이 100건 넘게 쌓여 있다고 치자. 이럴 땐 우선순위를 정해야 한다. 이동 중이나 자투리 시간에 읽어도 되는 메일 매거진, 뉴스, 애초에 열어볼 필요도 없는 스팸성 메일 그리고 그 사이에 섞여 있는 현재 프로젝트와 관련된 중요한 메시지까지. 먼저 중요도 순으로 분류하고, 즉시 반응해야 할 메일은 우선순위에 따라 차례차례 답신한다. 아무 의미 없는 메일부터 처리하다가 정작 가장 중요한 것이 밀리는 일이 있어서는 안 된다. 또한 답신을 쓸 때 지나치게 고민하거나 주저하지 말고, 바로 처리하는 습관을 들여야 한다.

이렇게 업무에 우선순위를 매기고 효율적으로 처리해나가면 오전 내내 이메일에 매달리는 비효율적인 루틴에서 벗어날 수 있다. 설령 하루에 1,000통의 이메일이 와도 중요한 것과 그렇지 않은 것을 신속하게 구분하면 충분히 일을 마칠 수 있다.

재해나 사고 현장에 긴급 파견된 의사들도 '트리아지triage'라는 선별 작업을 진행한다. 즉시 치료하지 않으면 생명이 위험한 중환자를 최우선으로 구조하고, 그다음은 중상자, 경상자는 가장 마지막 순서로 밀린다. 이런 냉정한 판단이 없으면 구할 수 있는 생명조차 구하지 못하게 된다.

이 트리아지적 사고방식은 업무에도 그대로 적용할 수 있다. 일처리가 느린 사람, 일을 못하는 사람은 대개 시작 단계에서 분류 작업을 하지 않는다. 우선순위를 정하지 않고 손에 잡히는 대로 시작하니 중요한 일과 덜 중요한 일이 뒤섞여 혼란 상태가 되는 것이다. 이런 사람들은 결국 '바쁜데 아무것도 끝내지 못한 하루'를 반복하게 된다. 처음부터 '무엇을 먼저 하고, 살릴 것인가'를 구분할 수 있어야 업무의 속도와 질 모두를 높일 수 있다.

업무에서 정체가 발생하는 이유는 단순히 효율이 나쁘기 때문이다. 가령 HIU 정례회에서는 토크 이벤트가 끝난 후, 뷔페식으로 식사를 제공하는데 처음엔 모두가 한쪽 테이블로 몰리면서 긴 줄이 생기곤 했다. 대부분의 사람은 "원래 뷔페는 줄 서서 먹는 거지"라는 식으로 당연하다고 여겼다. 하지만 나는 이 문제도 분명 개선할 수 있다고 생각하고 즉시 실행에 옮겼다. 그래서 벽에 붙어 있던 긴 테이블을 방 한가운데로 옮겨 양쪽에서 음식을 담을 수 있도록 했다. 그 결과 효율은 두 배로 오르고 긴 행렬은 순식간에 사라졌다.

대부분의 직장인이 야근에 시달리는 진짜 이유도 실은 '일이 많아서'가 아니라, '업무 처리가 비효율적이기 때문'이다. 조금만 궁리해도 콜럼버스의 달걀 같은 단순한 발상이 업무 효율성을 단번에 바꿀 수 있다. 물론 모든 업무가 단순화될 수는 없다. 하지만 대부분의 반복 업무나 의사결정은 생각보다 간단한 원칙만으로도 절반 이상 줄일 수 있다. 핵심은 일을 오래 하는 것이 아니라 명확하게 처리하는 것이다.

KEY POINT

» 눈앞의 업무를 처리하던 손을 잠시 멈춰보자.
» 그 업무를 절반의 시간에 끝내기 위한 '궁리'를 해보자.
» 기백이나 근성보다 '궁리'가 더 중요하다.

지금 이 순간부터
주위 사람들의 눈을
신경 쓰지 말자.
당신의 머릿속이
타인의 실수나 행동에
대한 기억으로
가득 차 있지 않듯이,
주변 사람들도
당신에게 그렇게까지
관심이 없다.

(22)

마감 기한을 지키는
단 하나의 방법

주어진 조건 속에서
최대한의 효율화를 꾀할 것

나를 잘 아는 사람이나 함께 일하는 사람들은 종종 이렇게 말한다. "호리에 씨는 참 부지런하고 의외로 성실하시네요." 그럴 만도 하다. 나는 원고나 각종 마감에 늦은 적이 단 한 번도 없고, 메일 매거진을 휴재한 적도 없다. 실제로 내 독자들 중에는 내가 나가노 교도소에 수감되었을 당시 "호리에의 주간 메일 매거진도 끝이구나", "이제 폐간되겠지" 하고 생각한 사람도 있었을 것이다.

하지만 나는 교도소에 있는 동안에도 매거진을 한 번도 쉬지 않았다. 물론 컴퓨터나 스마트폰을 사용할 수 없었기 때문에 작업 환경은 매우 불편했다. 그래서 나는 약어와 단축 용어를 적극적으로 사용하고 한자를 최대한 활용해, 포스트잇 한 장에 가능한 한 많은 메시지를 담았다. 그걸 스태프가 워드로 정리해 메일 매거진으로 발행했다. 이런 방식으로 궁리하고 체계를 만들어 옥중에도 연재가 가능하게 만들었다.

지금은 흥미를 끄는 뉴스가 있으면 그때그때 SNS 등을 통해 생각을 표출하고 있다. 메일 매거진의 콘텐츠인 시사 해설 역시 처음부터 따로 자료를 모으는 게 아니라, 평소 적어둔 메모들을 바탕으로 재편집하는 방식이다. Q&A 코너에는 매일 독자들의 방대한 질문이 몰려오는데 그중 비슷한 질문끼리 묶고, 진지하게 응답할 가치가 없는 질문은 기타 폴더로 분류한다. 이렇게 해서 전체적인 작업 흐름을 효율화하고 있다.

메일 매거진을 한 번도 빠뜨리지 않고 주 1회씩 꾸

준히 발행할 수 있는 비결은 성실해서도, 부지런해서도 아니다. 단지 스트레스 없이 지속할 수 있는 구조를 만들었기 때문이다. 세상엔 마감 개념이 느슨한 사람도 많지만 나는 스스로 정한 마감은 무조건 지킨다. 평소 나는 약속이나 미팅이 많아서 거의 매일 밤 외출하는 편이고, 2, 3차까지 술자리를 이어가는 경우도 많다. 하지만 그렇다고 해서 "귀찮으니까 메일 매거진은 나중에 써야지"란 생각을 해본 적은 단 한 번도 없다. 그저 약속 장소에 가기 전에 해야 할 일을 미리 해두면 된다. 그리고 매일 조금씩 해두면 일이 쌓이는 일도 없다.

"메일 매거진 작업에 매주 몇 시간을 들이시나요?"라는 질문을 받을 때도 있다. 하지만 나는 시간을 따로 재본 적조차 없다. 이유는 간단하다. 매일 자투리 시간에 조금씩 해두기 때문이다. 그러니 애초에 '필사적으로 원고를 마감 직전에 몰아서 쓰는' 상황 자체가 생기지 않는다. 메일 매거진의 '일주일의 일기' 코너도 마찬가지다. 일주일 치를 한 번에 쓰는 건 나도 힘들다. 어제 먹은 음식은 기억나도 그제나 사흘 전의 식사, 다녀온 레스토랑의 이름 같은 건 잊어버리기 마련이다. 그래서 나는 전날 저녁부터 당일 낮까지 있었던 일을 그날 저녁 약속 자리에 가기 전에 짬을 내어 정리하는 습관을 들였다. 스마트폰 캘린더에 나만 알아볼 수 있는 간단한 메모 몇 줄을 남겨두고, 그걸 바탕으로 글을 쓰는 방식도 좋다. 이렇게만 해도 일기를 이틀 이상 밀리지 않게 쓰는 것이 충분히 가능해지고, 습관화되면 스트레스도 생기지 않는다. 결국 메일 매거진이든 다른 일이든 '꾸준히 이어가기' 위해 중요한 건 시간 단축이 아니라, 스트레스를 줄이는 방법을 찾는 것이다.

KEY POINT

» 자투리 시간에 효율적으로 일하는 습관을 들이고, 업무를 정체시키지 않도록 미리미리 진행해보자.
» 어떻게 업무를 진행해야 스트레스를 받지 않을지 궁리하는 것도 업무의 일부다.

㉓ 회식은 하루 한 번이라는 고정관념을 버려라

평균값에 안 맞는 게 정답일지도 모른다

나는 매일 분 단위 일정에 따라 움직인다. 일정을 보면 어지러울 정도로 빠르게 돌아가는데, 이를 본 사람들 중엔 "너무 빡빡한 거 아니냐"라고 말하기도 한다. 하지만 내 생각은 다르다. 오히려 다른 사람들이 너무 느리게 움직인다고 느낄 뿐이다.

나는 집중할 때, 정보를 입력할 때 최대한 한꺼번에 많은 것을 처리하는 쪽이 훨씬 효율적이라고 믿는다. 혹시 여러분은 스스로에게 제한을 걸고 평균적인 양의 업무만 처리하고 있지는 않은가?

나는 1년 내내 거의 모든 식사를 외식으로 해결한다. 그래서 맛집을 찾기 위해 늘 돌아다닌다. 하지만 온라인 맛집 평가 사이트를 보면 높은 평점의 가게와 낮은 평점의 가게가 뒤섞여 있다. 일부에선 자신이 운영하는 음식점의 평점을 조작하거나, 경쟁 상대인 음식점에 최저점을 주는 경우도 많다.

그래서 나는 정말로 맛있는 음식점만을 모은 맛집 앱 데리야키를 만든 것이다. '술집', '일식', '프렌치', '초밥', '향토 요리' 등 카테고리를 세분화하고, '비싸지만 맛있음', '싸고 맛있음' 같은 꼭 필요한 직관적인 지표도 함께 제공한다. 나를 포함한 데리야키스트라 불리는 큐레이터들은 연간 500끼 이상을 외식으로 해결하는 진짜 미식가다. 그들이 철저히 맛집을 찾아다닌 결과 "이 집은 정말 맛있다!"고 인정한 곳만 앱에 소개되며, 현재까지 등록된 점포 수는 2,000곳 이상에 이른다.

연간 500끼 이상 외식을 하다 보면 자연스럽게 맛과

식당 분위기를 보는 감각이 생긴다. 나 역시 데리야키스트로서 "맛집이 생겼다"는 소문이 들리면 즉시 달려간다. '1년에 500끼나 외식을 한다고? 난 도저히 못 해' 하고 생각하는 사람도 있겠지만 그 생각은 틀렸다. 그건 '방식'이 잘못됐기 때문이다.

여러분은 혹시 "하루에 한 곳밖에 갈 수 없다"는 선입견을 갖고 있지는 않은가? 나는 때때로 '폭식단' 활동을 한다. 한 지역을 타깃으로 정한 뒤, 미쉐린 스타급 레스토랑부터 소박한 로컬 식당까지 10곳이 넘는 맛집을 몇 시간 안에 돌아다니는 것이다.

예를 들어 어느 날 고베에서는 다음과 같은 코스로 식당을 다녔다.

① 중국 요리점 '니이'
② 프렌치 레스토랑 'La Maison de GRACIANI'
③ 피자집 'Azzurri'
④ 닭꼬치집 '가사하라'

⑤ 이탈리안 레스토랑 'Ristorante Due'

⑥ 일식당 '기모토' 일식당

⑦ 일식당 '조스케'

⑧ 일식당 '일 바카날레'

⑨ 일식당 '가나야마엔'

⑩ 칵테일 바 '와비'

몇 시간 안에 10곳을 돌아다니는 이 투어는 한 곳에 오래 머물 수 없기 때문에 오히려 효율이 좋다. 빨리 맛을 보고 일어나는 것이다. 가게 입장에서도 회전율이 높아 반기고, 칼럼을 쓰는 작가라면 취재 효율도 극대화될 수 있다.

많은 사람이 자신의 하루를 '회식은 한 번', '공연은 한 편' 같은 식으로 스스로 틀을 만들어 제한한다. 하지만 그런 상식은 누군가가 임의로 만든 기준일 뿐, 실제로는 아무 근거도 없다.

무언가를 빠르게, 집중적으로 마스터하고 싶다면 그

틀을 깨고 극단적인 밀도로 실행해야 한다. 다른 사람들이 평균적인 인생을 천천히 살아가는 동안 당신은 단시간에 압축적으로 경험을 쌓아 그들이 도달하지 못하는 높이까지 올라갈 수 있다.

KEY POINT

» 다가올 휴가의 여행 일정을 아주 빽빽하게 한 번 만들어보자.
» 하고 싶은 일은 하고 싶을 때 전부 하는 습관을 들이자.

㉔ 하루 중 절대 줄여서는 안 되는 이 시간

삶의 질을 가장 크게 좌우하는 이것

나의 초인적인 일정을 아는 사람들은 하나같이 이렇게 말한다. "호리에 씨는 몸이 정말 튼튼하시네요." 예를 들어 작년에 서적 취재를 겸해 유럽을 경유해 아프리카 여러 나라를 3주 이상 여행한 적이 있다. 낯선 환경에서의 강행군이었기에 동행한 편집자와 작가 모두 귀국하자마자 건강이 나빠졌고, 그중 한 명은 입원까지 했다.

하지만 나는 귀국하자마자 단골 노래방에 가서 새벽

이 넘도록 술을 마셨고, 다음 날부터 다시 평소처럼 활기차게 일에 복귀했다. 이런 모습을 본 사람들은 종종 묻는다. "어쩜 그렇게 체력이 좋나요?"

나는 운동부 출신도 아니고, 체력이 특별히 강한 편도 아니다. 지극히 평범한 사람이다. 그렇다면 어떻게 이런 스케줄을 견뎌내는 걸까? 비결은 단순하다. 바로 '충분한 수면'과 '스트레스 없는 생활'이다. 나는 하루에 최소 여섯시간 이상은 꼭 잔다. 이보다 부족하면 하루 종일 졸리고, 일의 효율이 급격히 떨어지기 때문이다. 이상적으로는 여덟 시간 자는 것이 가장 좋다.

"요즘 계속 세 시간밖에 못 자요", "어제 밤샘했어요" 이런 말을 자랑처럼 하는 사람이 있는데 이렇게 자는 시간을 줄리는 것은 스스로 몸을 망가뜨리는 행위에 가깝다. 심한 표현일지도 모르나 조용한 자살이라고 해도 과언이 아니다. 수면 부족은 수명을 단축시킬 수 있고, 업무 중 실수를 반복하게 하며, 장기적으로는 생산성과 건강 모두를 해친다.

만화계의 전설이라 불리는 데즈카 오사무, 이시노모리 쇼타로, 아카츠카 후지오, 이들은 모두 살인적인 마감과 과로 속에서 60세 전후로 세상을 떠났다. 하루이틀이 아니라 그 이상으로 연속 철야를 반복하는 생활은 결국 몸의 기반을 무너뜨리는 지름길이다. 그것이 실제로 수명에 영향을 줬다고 해도 이상하지 않다.

나는 해외 출장 시 반드시 비즈니스 클래스 이상만 이용한다. 180도 젖혀지는 좌석에서 제대로 누워 잘 수 있기 때문이다. 그래서 비싼 좌석에 쓰는 돈이 아깝지 않다. 그 덕분에 외견상 아무리 살인적인 일정이라도 사실은 충분한 수면을 확보하고 있다. 물론 침대에서 자는 것보다 수면의 질은 떨어진다. 하지만 '기본 수면'은 어디까지나 침대에서 자는 것이며, 그 기본을 무시하면 결국 몸이 무너진다.

돌이켜보면 나는 10대 때도 시험 전날 밤을 새워 공부한 적이 없다. 수면 시간을 줄이면 학습 효과도 떨어진다. 충분한 수면과 기억력은 정비례한다는 건 과학적으로도 입증된 사실이다. 밤샘 공부는 비효율적이고, 장기 기억에도 도움 되지 않는다.

창업 초기엔 정말 바빴지만 회사에서 자는 일이 있어도 수면 시간을 줄이면서까지 일하진 않았다. '하루 20시간 노동' 같은 무리한 일정은 절대 없었다. 여덟 시간의 수면을 반드시 지켰고, 수면을 줄이면 오히려 생산성이 더 떨어진다는 걸 잘 알기 때문이다.

다시 한번 강조하고 싶다. 수면은 인생을 제대로 살기 위한 '최우선 과제'다. 나는 종종 새벽까지 술을 마시지만 그만큼 늦게까지 자고 충분한 수면을 확보한 후에 업무를 시작한다. 억지로 일찍 일어나거나 밤을 새워 일한다고 해서 장기적으로 성과가 더 나아지지는 않는다. 오히려 몸이 망가지고, 결국 큰 손실로 돌아온다. 아무리 많은 프로젝트를 진행하더라도 수면 시간만큼은 절대 줄여선 안 된다.

바꿔야 할 것은 일의 양이 아니라 일의 방식과 생산성이다. 그리고 너무 당연한 말이지만 인간은 죽으면 끝이다. 많은 프로젝트를 동시에 소화하고, 틀을 깨는 생각을 계속하기 위해서는 지치지 않고 오래 뛸 수 있는 체력과 건강이 필수다.

KEY POINT

» 혹시 피곤하다면 억지로 책을 읽지 마라. 그만 책을 덮고 자자.

지금 당신에게 가장 스트레스를 주는 것은 무엇인가

하고 싶은 말을 하고, 먹고 싶은 것을 먹는다

앞서 말했듯 생각의 틀을 깨기 위해 가장 중요한 건 '건강'이다. 건강을 지키는 두 가지 핵심이 있다면 그것은 앞에서 말한 '충분한 수면' 그리고 '스트레스를 줄이는 생활 루틴'이다.

스트레스를 줄이기 위한 나의 철칙은 단순하다. '하고 싶지 않은 일은 하지 않고, 상대하고 싶지 않은 사람은 상대하지 않는다.' 지금까지 수도 없이 말해온 원칙이다.

"그건 프리랜서니까 가능한 말 아니에요?"라고 말할 수도 있다. 하지만 회사원이든 프리랜서든 본질은 같다. 극단적인 예로, 나는 한때 세상에서 가장 자유가 없는 곳인 교도소에 있었다. '755'라는 죄수번호가 붙었고, 모든 생활은 명령에 따라 움직였다. 디지털 기기도 사용할 수 없었고, 쇠창살 안에 갇힌 채 살아가는 극단적인 제약 환경이었다.

그런 환경에서도 나는 최대한 스트레스를 줄이기 위한 방법을 고민했다. 교도소에서 받는 스트레스의 90퍼센트는 인간관계에서 온다. 밖에서는 본 적도 없는 사회성 결여자, 조직 폭력배 등 온갖 범죄자가 일부러 시비를 걸어온다. 이들과 불필요하게 마찰을 일으키면 징벌을 받거나 수감 등급이 올라가지 않아 가석방도 늦어진다. 초반엔 나도 당황했지만 시간이 지나면서 이 사실을 깨달았다. "시비를 거는 사람은 흘려보내면 그만이다."

이럴 때 필요한 건 무시하는 능력, '무시력'이다. 스트레스를 피하려면 무시력도 전략이다. 물론 교도소 밖에서는 다르다. 말싸움을 한다고 징벌을 받지는 않으니 불만이 있으면 그 자리에서 솔직하게 잘 털어놓고 끝내는 쪽으로 가면 된다. 그리고 맛있는 술 한잔 마시고 푹 자면 스트레스는 다음 날이면 사라진다.

나도 사람에게 배신당한 경험이 수없이 많다. 라이브도어 사태 때는 특히 심했다. 그때부터 나는 인간관계에 대해 이렇게 생각하기로 했다. "사람은 원래 배신하는 존재다. 그러니 너무 기대하지 말자." 사람을 믿되 과한 기대는 하지 않는 것이다. 돈이나 물건을 빌려줄 땐 애초에 '돌려받을 생각 없이 선물했다'고 생각한다. 이런 마음가짐을 가지면 인간관계로 인한 스트레스가 많이 사라진다.

또 한 가지, 걱정만 하면서 살아가는 사람들에겐 그 걱정 자체가 스트레스가 되어 건강을 해친다. "술을 마시면 뇌세포가 죽는다던데……", "고기만 먹지 말고 채소도 먹어야지", "화학조미료는 몸에 안 좋다던데", "방

사능이 걱정돼……" 등 이런 근거 없는 불안감에 휘둘려 스스로를 괴롭히는 사람들이 의외로 많다. 사실 이런 걱정이야말로 진짜 건강을 해치는 독소라고 할 수 있다. 물론 건강 검진이나 의료 행위를 무시하자는 의미는 아니다. 건강 검진은 반드시 받아야 하고, 치과 검진도 정기적으로 가야 하며, 시력 교정 수술처럼 삶의 질을 높일 수 있는 의료 행위는 적극적으로 활용하면 좋다.

여기서 필요한 것은 '의학적 리터러시'다. 즉 무엇을 신경 써야 하고, 무엇은 걱정할 필요가 없다고 선별할 수 있는 최소한의 정보력은 반드시 갖고 있어야 한다. 스트레스는 면역 시스템을 무너뜨리고 업무 생산성도 뚝 떨어뜨리는 주범이다. 수면 부족 상태에서 쓸데없는 스트레스로 인해 짜증을 달고 사는 사람은 특히 위험하다. 그 스트레스는 삶 전체를 뒤흔드는 족쇄가 될 수 있다.

아직 늦지 않았다. 당장 지금의 생활 습관을 점검하

고 스트레스를 줄이는 실질적인 계획을 세워라. 작은 실천 하나가 체력과 집중력을 되살리고, 결국 일과 삶 전체를 바꾸는 출발점이 된다. 무너지지 않고 오래 가기 위해 가장 먼저 챙겨야 할 건 나 자신이다.

KEY POINT

» 하고 싶은 말을 해보자. 먹고 싶은 음식을 먹어보자. 그 밖에 하고 싶은 일을 해보자.
» 자신을 스스로 속박할 필요는 없다. 주위 눈 따위 신경 쓰지 말고 살고 싶은 대로 살면 된다.

지속 가능한

아웃풋을 원한다면

가끔은

대충해야 한다.

그게 진짜

오래 가는 사람의

방식이다.

7장

눈치 보지 않고 흔들리지 않는 멘탈을 키워라

과거의 부끄러운 기억이 있는가, 남들은 다 잊었다

단언컨대 아무도 여러분에게 관심이 없으니

지금까지 생각의 틀을 깨는 것을 방해하는 여러 고정관념을 걷어내고, 실질적인 업무술에 대해서도 이야기했다. 결국 생각을 부수는 데 가장 큰 장해물은 '감정'이다. "다른 사람들이 나를 어떻게 볼까?", "이거 너무 창피한데……" 이런 생각이야말로 진짜 방해 요소다.

한때 큰 인기를 끌었던 드라마 〈도망치는 건 부끄럽지만 도움이 된다〉를 떠올려보자. 시청률 약 20~30퍼센트를 기록하며 대히트를 친 이 드라마에서 배우 호시노 겐이 연기한 회사원 츠자키 히라마사는 전형적인 모태솔로 캐릭터다. 그는 커뮤니케이션에 서툰 탓에 30대 중반이 되도록 연애 경험이 없고, 배우 아라가키 유이가 연기한 모리야마 미쿠리는 고학력의 수려한 외모를 갖고 있는 캐릭터지만 사회성 부족으로 회사에서 해고당한 인물이다. 그 둘은 우연히 만나 '남편에게 고용된 아내'라는 계약 결혼을 하게 되면서 이야기가 전개된다.

작품 속에서 히라마사는 작은 일에도 쉽게 수치심을 느낀다. 예를 들어 아내가 된 미쿠리에게 빨래를 맡길 때 팬티는 '부끄럽다'며 따로 뺀다. 이 장면을 보고 웃었던 사람들도 아마 실제로는 비슷한 감정에 사로잡혀 있을 것이다. 나 역시 호텔 생활을 자주 하기 때문에 속옷도 포함해 호텔에 세탁을 맡긴다. 그런 나를 보고 누군가는 이렇게 묻는다. "호리에 씨, 팬티까지 호텔에 맡기면 창피하지 않아요?"

나는 이런 질문이 정말 이상하다고 생각한다. 나와

는 아무 상관도 없는 사람이 내 속옷을 본다고 해서 대체 무슨 상관이 있다는 걸까? 하지만 그런 건 좀 부끄럽고 수치스럽다는 이유로 본인이 직접 속옷을 따로 세탁하는 사람들이 있다. 이는 비유가 속옷일 뿐, 타인의 시선을 의식하는 바람에 작은 행동 하나조차도 자유롭게 못 한다면 결국은 스스로 가능성의 문을 닫게 될 확률이 높다. 결국 이 부끄러움은 명백한 자의식 과잉이다. 대부분은 남에게 관심이 없다. 드라마 속 히라마사가 계속 모태솔로를 벗어나지 못한 이유도 그런 부끄러움과 쓸데없는 자의식 때문이다.

한번 동창회를 떠올려보자. 그곳에서는 "그때 이런 일이 있었지?" 하며 추억을 나눈다. 하지만 놀랍게도 특정 사건을 기억하는 건 해당 당사자뿐이다. 그만큼 사람의 기억이란 시간이 흐르면 쉽게 사라지고, 남 탓을 해도 상대는 기억조차 못하고 있는 경우가 많다. 내가 예전에 실수했던 일을 혹시 아직도 다들 기억하고 있으면 어떡하지라는 생각이 떠오를 땐 이렇게 되뇌

라. "대부분은 이미 잊었다."

나 역시 과거 수없이 세상을 떠들썩하게 만들었지만 그럴 때마다 이렇게 생각한다. "인간의 기억은 편리하게 덧씌워진다." 조금만 시간이 지나면 내가 한때 체포되었었다는 사실조차 잊는 사람들이 대부분일 것이다. 그렇다면 어설픈 수치심은 이제 그만 내려놓자.

사람들이 뒤에서 "쟤 뭐야, 바보 아냐?" 하고 수군대더라도 그냥 바보처럼 행동하는 쪽이 낫다. 한 발 더 나아갔다가 실패하거나 꼴사납게 망했다 해도 사흘만 지나면 대부분 잊힌다. 창피를 당할 용기, 실패할 용기만 있으면 조금씩 면역력이 생기고, 점점 더 큰 도전을 할 수 있게 된다.

그 용기를 갖는 것이 무엇보다 중요하다. 지금 이 순간부터 주위 사람들의 눈을 신경 쓰지 말자. 당신의 머릿속이 타인의 실수나 행동에 대한 기억으로 가득 차 있지 않듯이, 주변 사람도 당신에게 그렇게까지 관심이 없다.

외부의 잡음 따위는 신경 쓰지 말고 당당하게 자신의 길을 걸어라. 기존의 낡은 사고를 부수기 위해서는 지식이나 스킬 습득보다 먼저 '감정'이라는 필터부터 걷어내야 한다. 불필요한 감정이 삶의 속도를 늦추기 때문이다.

KEY POINT

» 정말 창피했었던 과거의 실패담을 남들에게 이야기해보자.
» 의외로 사람들이 여러분에게 관심이 없음을 깨닫게 될 것이다.

㉗
일단 저지르는
실행력을 가진 사람

지나친 준비와 생각이 행동을 막는다

　가슴을 두근거리게 하는 흥미진진한 여러 가지 프로젝트를 동시에 진행하려면 타인을 관망하는 약삭빠른 사람이 아니라, '제일 먼저 손드는 바보'가 되어야 한다. 결국 승부에서 이기는 것은 약삭빠른 사람이 아닌 바보이기 때문이다.

　나는 지금까지 눈치 보지 않고 가장 먼저 손을 드는 인생을 살아왔다. 1996년, 근속 연수가 늘어야 지위가 오르고 종신고용의 관념이 강하던 시절에 온더에지를 창업했고, 이후 라이브도어로 이어지는 흐름을 만들었다. 그리고 니혼TV와 후지TV를 인수해 미디어 혁명을 꿈꿨고, 오사카 킨테츠 버팔로즈를 인수해 프로야구를 재미있게 만들겠다는 도전도 했다. 심지어는 자민당에서 중의원 후보로 출마해 총재를 꿈꾸기도 했다. 누군가는 허황되고 비이상적인 목표라며 비웃을지도 모르지만 나는 내가 한 모든 일에 진심이었다.

물론 숱한 실패를 겪었다. 그러나 성공한 프로젝트는 더 많다. 지금도 나는 재미있을 것 같다는 직감이 들면 가장 먼저 손을 든다. 무엇이든 먼저 손을 뻗어 만져보고, 직접 만져봤을 때 재미가 느껴지면 그때 비로소 깊이 빠져든다.

실제로 성공한 창업가들 중엔 바보 같은 실행력을 가진 사람들이 많다. 그들은 '창피해', '실패하면 어쩌지' 같은 감정은 가볍게 무시해버린다. 반면 약삭빠른 사람들은 계산만 하다가 결국 아무것도 하지 못한다. 기회를 앞에 두고도 타이밍을 놓친다. 이 일을 해도 괜찮을지, 잘할 수 있을지 속으로 계산하기 바쁘기 때문이다. 이는 앞으로 약삭빠른 사람들의 일이 AI나 로봇으로 대체될 가능성이 높은 이유가 될 것이다. 계산만으로는 살아남을 수 없다.

수많은 벤처기업을 지켜보며 느낀 건 "먼저 행동하는 기수 한 명이 프로젝트의 성패를 가른다"는 사실이다. 가장 빠르게 움직이고 행동하는 리더가 있으면 그 기업이나 그룹은 결국 성과를 낸다. 반대로 '솔직히 하고 싶진 않지만 월급 받으니 해야지'라는 자세로, 타자의 일처럼 일하는 리더는 조직을 이끌 수 없다. 팀의 속도는 리더의 체온과 에너지에서 결정된다.

HIU를 주재하면서도 매번 느끼는데, 제일 먼저 손을 드는 바보는 늘 소수다. 내가 프로젝트의 씨앗이 되는 아이디어를 던지고 리더를 모집해도 대부분은 '실패하면 어쩌지', '다른 사람이 먼저 하겠지'라는 감정에 발목이 잡혀 손을 들지 않는다.

하지만 사실 리더가 '똑똑'할 필요는 없다. 의욕과 기세만 있으면 충분하다. '바보 한 명' 그리고 '약삭빠른 사람들'이라는 조합이 가장 강력한 프로젝트 팀을 만든다. 위에서 진심으로 성공을 바라는 사람이 있다면 그 아래로 자연스럽게 기술자, 실무자, 실행력 있는 인재들이 모여든다. 결국 '제일 먼저 손을 들 수 있는 용기'가 진짜 리더를 만든다고 할 수 있다.

학교 수업을 떠올려보자. 조용한 교실에서 가장 먼저 손을 든다는 건 굉장한 용기와 에너지를 필요로 하는 행동이다. 설령 의견이 엉뚱하더라도 교착 상태를 깨고 흐름을 만든 사람은 그 존재 자체로 의미가 있다. 한 명이 손을 들면 그제야 다른 사람들도 손을 들기 시작한다.

AI와 로봇이 대부분의 일자리를 대신하게 될 시대, '제일 먼저 손을 드는 바보'의 존재는 더욱 빛날 것이다. 상식에서 벗어난 아이디어, 예측 불가능한 실행, '이건 미쳤다' 싶은 발상이 폭발적인 프로젝트의 씨앗이 되기 때문이다. 사람들이 "쟤 또 손 들었어"라며 웃을 정도로 습관처럼 손을 드는 바보가 되자. 주저하지 말고, 타이밍을 기다리지도 말고 '나 먼저 하겠다'는 깃발을 꽂는 사람이 되자. 세상은 결국 그런 사람을 따르는 법이다.

KEY POINT

» 가능한지 불가능한지는 제쳐놓고 일단 손부터 들자.
» 처음에는 용기가 필요하겠지만 한 발을 내딛는 것이 중요하다.

실제로 성공한 창업가들 중엔 바보 같은 실행력을 가진 사람들이 많다. 그들은 '창피해', '실패하면 어쩌지' 같은 감정은 무시해버린다. 반면에 약삭빠른 사람들은 계산만 하다가 결국 아무것도 하지 못한다. 이 해도 괜찮을지, 잘할 수 있을지 일을 해도 속으로 계산하기 바쁘기 때문이다.

8장

결국 인생에 목적 따위는 필요 없다

28

영원히 어린아이처럼
살 것

인간은 새로운 것에 흥미가 사라졌을 때 늙는다

사실 예전에는 모두가 다동력을 지니고 있었다. 여러분이 세 살배기 아이였을 무렵, 내면에는 다동력이 충만했다. 밥을 먹다가도 주위에 관심을 보이며 주스 컵을 엎고, 그릇을 깨서 부모님을 곤란하게 만들었을 것이다. 크고 작은 호기심을 억누르지 못해 다치기도 했을 것이다.

그 에너지는 억제할 수 없는 '동력' 그 자체다. 그러나 많은 사람이 아이에서 어른이 되어 가는 과정에서

이 다동력을 점점 잃어간다. '하고 싶은 일'보다 '해야 하는 일'을 선택하도록 사회가 교정했고, 그렇게 모두가 균형 잡힌 어른이 되었다. 하지만 성공한 창업가나 크리에이터 중에는 어른이 되어서도 세 살배기의 호기심과 추진력을 그대로 간직한 사람이 많다.

그들은 상식적인 분별력이나 자제심조차 좋은 의미에서 결여된 사람들이다. 무분별하게 뛰고, 제동 장치 없이 달리며, 흥미가 생기면 주저 없이 몰입한다. 그래서 결국 아무도 생각지 못한 혁신을 일으킨다. 책의 서두에서도 언급했듯, 테슬라의 CEO 일론 머스크는 옷을 입는 것조차 힘들어한다. 왜냐하면 다음에 하고 싶은 생각이 계속 떠올라 단추 하나 채우는 데도 집중하지 못하기 때문이다.

이 모습은 마치 장난감에 정신이 팔려 옷을 갈아입지 못하는 세 살배기 어린아이와 다르지 않다. 그는 상식에 얽매이지 않는다. 화성으로의 이주를 이야기하고, LA 교통이 불편하다며 갑자기 지하 터널을 파기 시작한다.

반대로 대부분의 사람은 나이를 먹을수록 자신이 쌓아온 인맥, 경험, 사회적 포지션에 얽매이게 된다. 새로운 자극에 몸을 맡기지 않으며 유연성도 잃는다. 나 역시 40대가 되며 그런 변화를 뚜렷이 느꼈다. 또래 친구들은 묘하게 차분해졌고 그만큼 재미가 없어졌다.

틀에 맞춰진 안정감이 오히려 스스로의 세계를 좁혀버린다. 하지만 신체의 트레이닝을 멈추면 건강을 잃게 되듯이, 정신에도 끊임없이 자극을 줘야 다동력을 유지할 수 있다.

AI와 로봇에 정통한 미디어 아티스트 오치아이 요이치는 딥러닝 분야가 놀라운 속도로 개발이 진행되고 있다고 한다. 수년 전 석사 논문에 나온 수준의 내용을 지금은 AI를 통해 중학생이 단 몇 시간 만에 완전히 이해할 수 있다는 것이다. 그렇게 되면 그렇게 되면 자격증이라든가 고학력 같은 과거의 커리어는 무용지물이 되고, 그다지 의미를 갖지 못하게 된다. 지금 배우고 싶다는 의식만 있으면 그게 무엇이든 즉시 익힐 수 있기 때문이다.

이것이 바로 지금 우리가 살아가는 시대다. 요컨대 지금의 시대를 살아가는 우리 모두는 마음먹기에 따라 얼마든지 젊어질 수 있다. 새로운 것에 흥미를 잃어버리면 10대도 노인이며, 반대로 새로운 자극을 끊임없이 추구한다면 60세도 청춘이라 할 수 있다. 기술은 세대 격차를 단숨에 평평하게 만든다. 배우는 속도가 아니라, 배우려는 태도가 나이를 결정한다. 나이보다 먼저 늙는 건 늘 '마음'이다.

나이가 들면 새로운 기기를 만지는 게 귀찮고, 낯선 곳에 가는 게 번거롭게 느껴질 수 있다. 하지만 그런 순간을 익숙하게 받아들이지 마라. 그것은 여러분 스스로를 '디지털 화석'으로 만들고 있는 셈이다. 그와는 반대로 언제까지나 미지의 것을 향해 뛰어드는 세 살배기 아이의 마음으로 살아가자. 나이가 든다고 궁금한 게 사라지진 않는다. 의문이 생기면 무엇이든 질문을 던지고, 흥미가 가면 제동 없이 움직여야 한다. 그런 태도가 여러분을 언제까지나 젊게 만든다.

KEY POINT

» 매일 눈을 반짝이며 새로운 것에 흥분하는가? 그렇지 않다면 혹 작년과 같은 오늘을 보내고 있지는 않은가?
» 세 살배기 아이처럼 매일 무엇인가를 발견하고 흥미를 느끼는 것으로 머릿속이 가득한 삶이 어떠할지 상상해보자.

가진 돈은 몽땅 쓰고
가진 것은 전부 버려라

자산이 오히려 삶을 망친다

나는 종종 이런 질문을 받는다. "할아버지에게 땅을 물려받았는데, 이걸로 뭔가 할 수 없을까요?" "소믈리에 자격증을 갖고 있는데, 이걸 어디에 활용할 방법이 없을까요?"

왜 다들 '지금 가지고 있는 것'을 어떻게든 써먹으려는 발상을 할까? 이건 일종의 그냥 가지고 있는 것이 아깝다는 마음, 즉 가만 있다 손해 보기 싫다는 심리에서 나오는 '거지 근성'과 같다. 말이 심하게 느껴지는가?

다소 과격한 표현이지만 사실이 그렇다.

하지만 이런 생각은 결국 당신을 멈춰 세우고 기회를 잃게 만든다. 가장 큰 문제는 '발상의 순서가 잘못되었다는 점이다.

올바른 발상의 순서
"○○을 하고 싶다 → 그걸 위해 ○○이 필요하다"

틀린 발상의 순서
"○○을 갖고 있다 → 이걸로 뭘 해야 아깝지 않을까?"

안타깝게도 대부분이 틀린 발상의 순서를 따르고 있으며 이런 방식은 긍정적인 결과를 거의 만들어내지 못한다.

예를 들어 1억 원짜리 땅이 있다고 가정해보자. 그 땅을 억지로 활용할 생각을 하지 말고, 그냥 팔아버리고 자신이 하고 싶은 일에 투자하는 게 훨씬 낫다. 포인트는 '억지로 하는 것'이다. 본인이 잘 유용할 수 있다면 해도 상관이 없다. 자격증도 마찬가지다. 소믈리에 자격증이 있다고 해서 그걸 활용한 사업을 짜내려 하지 말고, 내가 와인 바를 열고 싶다면, 그때 소믈리에를 고용하면 된다.

자격증, 부동산, 커리어, 커넥션…… 이 모든 건 어디까지나 '도구'여야 한다. 도구를 쓰기 위해 일하는 것이 아니라, 내가 하고 싶은 일을 위해 도구를 모으는 게 순서다. '내가 가진 것을 써먹으려는' 발상은 결국 그것에 얽매이고 갇히게 만들 뿐이다.

예전에 HIU의 기획으로 자산가 후지노 히데토 씨와 대담을 나눈 적이 있다. 노무라증권, JP모건, 골드만삭스를 거쳐 히후미 투신을 운영하는 그는 투자의 핵심은 '손절'이라고 말했다. 예를 들어 당신이 1,000만 원에 산 도쿄전력 주식이 200만 원이 되었다. 이때, 팔아야 할까? 더 갖고 있어야 할까?

후지노 씨는 말한다. "먼저 800만 원 손해 본 건 잊

으세요." 중요한 것은 '지금 이 200만 원으로 도쿄전력 주식을 계속 갖는 게 나은가? 아니면 더 나은 종목에 재투자할 것인가?' 하는 문제이다.

과거의 손해는 감정의 문제일 뿐, 논리적 가치 판단에는 아무 도움이 되지 않는다. 그의 펀드는 100개 종목의 포트폴리오를 짤 때 지금까지 이익을 냈는지 아닌지는 전혀 고려하지 않는다고 한다. 대신 지금 직면한 시점에서 가장 최고의 종목을 고르는 것이 그의 방식인 것이다.

지금 자산이나 자격증, 커리어를 갖고 있고, 이걸 써먹으려고 궁리할수록 생각과 반대로 행동은 더 느려지게 된다. 무엇이든 어떻게든 활용해보려는 고민은 속도를 떨어뜨리는 족쇄일 뿐이다.

이제는 손에 들고 있는 카드를 아까워하지 말고 내려놓자. 하고 싶은 일을 먼저 생각하고, 거기에 필요한 카드를 새로 모으는 방식으로 전환하자. 이런 태도를 갖는 순간 여러분의 삶은 다시 가속화될 것이다. 그리고 그 가속은 동시다발적인 프로젝트를 이끄는 진짜 다동력으로 이어질 것이다.

KEY POINT

» 여러분이 갖고 있는 자산, 갖고 있는 자격증을 적어보자. 그리고 그 종이를 쓰레기통에 버리자.
» 여러분에게는 아무 것도 없다. 그러므로 맨주먹으로 하고 싶은 일에 집중하면 된다.

아이들은
목적을 세우지 않는다.
그 저
즐거우니까 놀고,
맛있으니까 먹고,
졸리니까 잔다.
주변의 시선을
신경 쓰지 않기에
놀라울 만큼
빠르게 성장한다.
하지만
성인이 되면
그런 무아지경의
몰입을 잊고
목표와 성과만을 위해
스스로를 억누른다.

㉚

하와이에 별장 따위 갖지 마라

예측 가능한 행복을 추구하는 인생은 따분하다

성공하면 하와이 같은 외국에 별장을 갖고 싶어 하는 사람이 많지만 나로서는 도무지 이해할 수 없다. 쾌적하긴 하겠지만 그곳에 새로운 발견이 있으리라는 기대는 전혀 들지 않기 때문이다.

2013년 3월, 나가노 교도소에서 출소한 나는 매우 불쾌한 경험을 했다. 교도소에 들어가기 전에는 롯폰기힐즈 레지던스의 최고층에 살았는데, 전과자라는 이유로 임대 계약을 거부당한 것이다. 그때 나는 이렇게

결심했다. '그렇다면 이제 집 같은 건 필요 없어. 앞으로는 집에서 살지 않는 인생을 살자.'

원래도 나는 일본 전국, 세계 곳곳을 자주 다니기 때문에 도쿄에 머무는 시간이 거의 없다. 그렇다면 차라리 호텔에서 생활하는 게 낫겠다고 판단했고, 그때부터 지금까지 줄곧 호텔 생활을 하고 있다.

호텔 생활은 매우 쾌적하다. 집을 소유하고 있었을 때 쓸데없는 물건들을 전부 정리한 덕분에 몸과 마음이 한결 가벼워졌다. 양복 몇 벌 외엔 모든 짐이 수트케이스 세 개 정도로 정리된다. 꼭 필요한 물건은 스마트폰 하나뿐이고, 중요한 데이터는 모두 클라우드에 저장해 두었기 때문에 설령 여행 중에 스마트폰을 잃어버려도 다른 단말기를 구해서 바로 일을 이어갈 수 있다.

내 집도 없이 호텔에서 사는 나에게 별장은 애초부터 관심 밖의 대상이었다. 사람들은 부자가 되면 가루이자와나 하와이에 별장을 갖고 싶어 하는 모양인데, 실제로는 그런 곳에 1년에 한두 번 가기도 힘들다. 그럴 바엔 그때그때 호텔을 이용하는 편이 훨씬 합리적이다. 몇 번 쓰지도 않을 별장에 막대한 비용을 쓰는 건 비효율적이고 어리석은 짓이라 할 수 있다.

사실 나는 하와이에 가고 싶다고 생각해본 적조차 없다. 예외적으로 호놀룰루 마라톤 참가나 지인의 생일을 축하하러 간 적은 있지만 하와이에서 특별한 가치를 느껴본 적은 없다.

하와이는 미국이나 유럽에 가는 데 비해 비행시간이 짧고 1년 내내 기후가 안정적이다. 해양 스포츠나 골프를 좋아하는 이들에겐 천혜의 환경일 것이다. 일본인 관광객도 많고, 맛있는 음식점도 많아 불편함이 거의 없다. 하지만 그만큼 리스크도 적다. 사람들은 그런 안정감을 매력으로 느끼지만 나에게는 그 안정감이 오히려 지루함으로 다가온다. 불안 요소가 없다는 것은 곧 새로운 발견도 없다는 뜻이기 때문이다.

예측 가능한 하루를 반복하며, 정해진 즐거움을 되풀이하는 삶은 내게는 견디기 힘든 고통이다. 예컨대 나는 지난 연말 일정을 다음과 같이 보냈다.

12월 29일 도쿄 → 하와이

12월 30일 라스베이거스

1월 1일 시애틀 → 밴쿠버

1월 2일 옐로나이프 오로라 헌팅

1월 4일 솔트레이크시티

1월 6일 칸쿤

1월 8일 휴스턴 → 로스앤젤레스

1월 9일 도쿄

하와이에서 1박만 머물렀다니 이상하다고들 했고, 입국 심사에서도 수상하게 여겼지만, 내겐 그 1박이 한계였다.

미얀마 관광협회 관계자에게 "다음엔 미얀마도 1박만 하겠습니다"라고 말했다가 "좀 더 여유 있게 여행을 즐기세요"라며 혼이 난 적도 있다. 하지만 세상엔 흥미로운 곳이 너무 많다. 나는 그저 더 많은 장소를 이동하며 끊임없이 새로운 것을 흡수하고 싶다.

인생은 유한하다. 예측 가능함은 편안함을 주지만 성장은 언제나 불확실함 속에서 비롯된다. 매번 같은 장소에서 같은 풍경만을 마주하는 삶은 결국 상상력마저 마르게 만든다. 나는 내 인생을 조금이라도 더 넓고 깊게 만들기 위해 불안정함을 기꺼이 받아들인다. 그것이 진짜 '사는 맛'을 느끼게 해주는 유일한 길이라고 믿는다.

KEY POINT

» 일정표를 펼쳐보자. 어떻게 될지 예상도 할 수 없는 일정은 얼마나 있는가?
» 다음 주에도, 그 다음 주에도 똑같은 일정을 보내고 있지는 않은가?
» 경험하지 못한 일정을 채워 넣고, 본 적이 없는 풍경을 즐기자.

인생에 목적 따위는 없다

지금을 즐기는 것만이 전부이기에

 대부분의 사람은 대화할 때 금방 목적부터 알고 싶어 한다. "호리에 씨는 왜 그렇게 자주 외국에 가시나요?", "다양한 사람과 매일 식사를 하시는 이유는 무엇인가요?" 답은 단 하나, '재미있으니까'다. 그저 재미있으니까, 즐거우니까 행동하는 것뿐이다.

 나는 기회가 있을 때마다 말한다. "다른 업종 간의 교류는 전혀 의미가 없다.", "명함 교환 같은 건 의미도 재미도 없다." 인맥을 만들겠다고 수백, 수천 명과 명함을 주고받고 SNS 친구 수를 늘린다고 해서 업무에 도움이 되지는 않는다.

사람들은 내가 어떤 목적이 있어 해외를 다니고, 다양한 사람들을 만난다고 생각하는 모양인데, 전혀 그렇지 않다. 나는 '아이디어를 얻고 싶어서', '인맥을 넓히고 싶어서' 하루하루를 보내지 않는다. 단지 재미있으니까 그렇게 할 뿐이다. 재미있는 사람들과 재미있는 시간을 보내는 것, 그 결과로 아이디어가 떠오르고 그것이 일이 되거나 놀이로 연결된다.

나는 하루 24시간을 '가슴이 두근거리는 일'로 채우려고 노력한다. 그 방법은 이 책에 전부 담았다. 그저 '목표'를 위한 '수단'으로 인생을 살아선 안 된다. 즐기는 것이 전부다.

좋아하는 일을 마음껏 하다 보면 언젠가 수중에 남는 무언가가 생긴다. 재미있고 가슴 뛰는 일에 몰두할 때 사람은 시간 가는 것도 잊는다. 누구나 재미있는 책이나 만화에 빠져 버스나 지하철을 놓친 경험이 한두 번은 있을 것이다. 게임을 하다 문득 창밖을 보니 동이 터오고, 시계를 보면 열 시간이나 흘러 있는 것처럼. 그게 바로 '망아忘我'의 상태라 할 수 있다. 무아지경에 빠져 몰두하면 일이든 놀이든 결과는 자연스럽게 따라온다.

아이들은 목적을 세우지 않는다. 그저 즐거우니까 놀고, 맛있으니까 먹고, 졸리니까 잔다. 주변의 시선을 신경 쓰지 않기에 놀라울 만큼 빠르게 성장한다. 하지만 성인이 되면 그런 무아지경의 몰입을 잊고 목표와 성과만을 위해 스스로를 억누른다.

지금 이 순간을 즐기지 않고, 이를 악물고 견디기만 해서는 원하는 만큼의 성과를 얻을 수 없다. 우리에겐 지금이 전부다. 장래의 꿈이나 목표 따위는 필요 없다. 예상 밖의 새로운 프로젝트가 끊임없이 떠오르고, 매일이 너무 즐거워서 견딜 수 없는 삶, 나는 늘 그런 인생을 살고 싶다.

이런 인생에 종착점 같은 게 있을까? 나는 오늘도,

내일도, 모레도 항상 나를 버리고 새로운 나로 태어나고 싶다. 기존의 사고를 깨서 바꾸는 것, 하고 싶은 다양한 일을 동시에 시도하는 것, 그것이야말로 언제까지나 '내가 나이기 위한 최대의 원동력'이다.

KEY POINT

» 어쨌든 움직여라.

무언가를 빠르게,
집중적으로 마스터하고 싶다면
그 틀을 깨고
극단적인 밀도로 실행해야 한다.
다른 사람들이 평균적인 인생을
천천히 살아가는 동안
당신은 단시간에
압축적으로 경험을 쌓아
그들이 도달하지 못하는
높이까지 올라갈 수 있다

나가는 글

여기까지 읽은 독자라면, 오늘날 모든 것이 순간순간 변하고 산업과 산업의 장벽이 허물어진 시대에 기존의 틀을 깨고 알에서 나오는 일이 얼마나 중요한지 분명히 이해했을 것이다. 더불어 어떻게 다동력을 갖출 수 있는지에 대한 구체적 방향성도 잡았을 것이라 생각한다.

1장에서는 많은 이의 머릿속에 뿌리내린 '꾸준함'이라는 낡은 가치관을 다시 돌아보았다. 2장에서는 완벽주의와 준비 지상주의 등, 성실함이란 이름 아래 세뇌되어 온

관념들을 걷어냈다. 3장에서는 유년기부터 주입된 '균형'이라는 종교의 허상을 폭로했다.

사실 동양인은 타고나기를 '생각을 부수는 일'과 가장 거리가 먼 성향을 갖고 있는지도 모른다. 하지만 모든 것은 세뇌이고 선입견일 뿐이다. 지금 이 순간, 백지 상태가 되어 자신의 사고방식을 재점검해보자. 어떤 한 가지를 평생 꾸준히 하는 시대는 이미 끝났다. 지금은 끊임없이 여러 가지 일에 손을 대는 사람이 살아남는 시대다.

4, 5, 6장에서는 다동력을 어떻게 키울 수 있을지에 대한 실질적인 업무 방식을 소개했다. 가장 먼저 할 일은 '나 자신의 시간'을 되찾는 것이다. 타인의 시간을 사는 삶에선 다동력이 절대 생기지 않는다. 나의 시간을 되찾고 나면 그 안에서 어떻게 일을 효율적으로 할지 궁리해야 한다. 중요한 건 일의 양이 아니라 고민의 질과 리듬감이다. 그리고 '원액'이 되는 콘텐츠나 결과물을 만들어 내가 직접 움직이지 않아도 분신처럼 작동하는 시스템을 구축해야 한다. 그렇게 되면 주위에서는 "어떻게 한 사람이 이

많은 일을 다 했지?" 하고 놀랄 것이다.

그렇게 사고를 새롭게 정립하고 다동력을 지니게 되면 일과 놀이의 경계가 사라진다. 하루 24시간이 모두 '가슴 뛰는 시간'으로 채워지고, 목적 없이도 무아지경 속에 살아가는 자신을 발견하게 될 것이다. 내가 이 책에서 강조한 것들은 단지 삶에서 밀려오는 각종 숙제를 처리하는 기술이 아니다. 그보다는 삶이 끝날 때까지, 단 1초도 낭비하지 않고 인생을 즐기기 위한 가장 확실한 철학이다.

단, 이 책을 다 읽었다고 해서 당신이 저절로 바뀌는 건 아니다. 중요한 것은 'Just do it'이다. 실천해야 한다. 넘어져도 다시 실천해야 한다. 무릎이 까지고 상처투성이가 되더라도, 아이처럼 매일 무언가에 몰두하며 살아가라.

지금 이 순간, 그게 무엇이든 망설이고 있다면 이렇게 생각해보자. "이것저것 생각할 여유가 있다면, 지금 당장 시작하자."

옮긴이 김정환

건국대학교 토목공학과를 졸업하고 일본외국어전문학교 일한통번역과를 수료했다. 21세기가 시작되던 해에 우연히 서점에서 발견한 책 한 권에 흥미를 느끼고 번역의 세계를 발을 들여, 현재 번역 에이전시 엔터스코리아 출판기획 및 일본어 전문 번역가로 활동하고 있다. 경력이 쌓일수록 번역의 오묘함과 어려움을 느끼면서 항상 다음 책에서는 더 나은 번역, 자신에게 부끄럽지 않은 번역을 할 수 있도록 노력 중이다. 공대 출신의 번역가로서 공대의 특징인 논리성을 살리면서 번역에 필요한 문과의 감성을 접목하는 것이 목표다. 옮긴 책으로 『60에 40대로 보이는 사람 80대로 보이는 사람』, 『일을 잘 맡긴다는 것』, 『30일 만에 배우는 철학수첩』 등이 있다.

생각 망치

초판 1쇄 발행 2025년 6월 2일

지은이 호리에 다카후미 **옮긴이** 김정환
펴낸이 김선준

기획편집 배윤주
편집2팀 문주영 **디자인** 김예은
마케팅팀 권두리 이진규 신동빈
홍보팀 조아란 장태수 이은정 권희 박미정 조문정 이건희 박지훈 송수연 김수빈
경영관리팀 송현주 윤이경 임해랑 정수연

펴낸곳 ㈜콘텐츠그룹 포레스트 **출판등록** 2021년 4월 16일 제2021-000079호
주소 서울시 영등포구 여의대로 108 파크원타워1 28층
전화 02) 332-5855 **팩스** 070) 4170-4865
홈페이지 www.forestbooks.co.kr
종이 ㈜월드페이퍼 **출력·인쇄·후가공·제본** 한영문화사

ISBN 979-11-94530-36-7 (03190)

- 책값은 뒤표지에 있습니다.
- 파본은 구입하신 서점에서 교환해드립니다.
- 이 책은 저작권법에 의하여 보호를 받는 저작물이므로 무단 전재와 복제를 금합니다.

> ㈜콘텐츠그룹 포레스트는 독자 여러분의 책에 관한 아이디어와 원고 투고를 기다리고 있습니다. 책 출간을 원하시는 분은 이메일 writer@forestbooks.co.kr로 간단한 개요와 취지, 연락처 등을 보내주세요. '독자의 꿈이 이뤄지는 숲, 포레스트'에서 작가의 꿈을 이루세요.

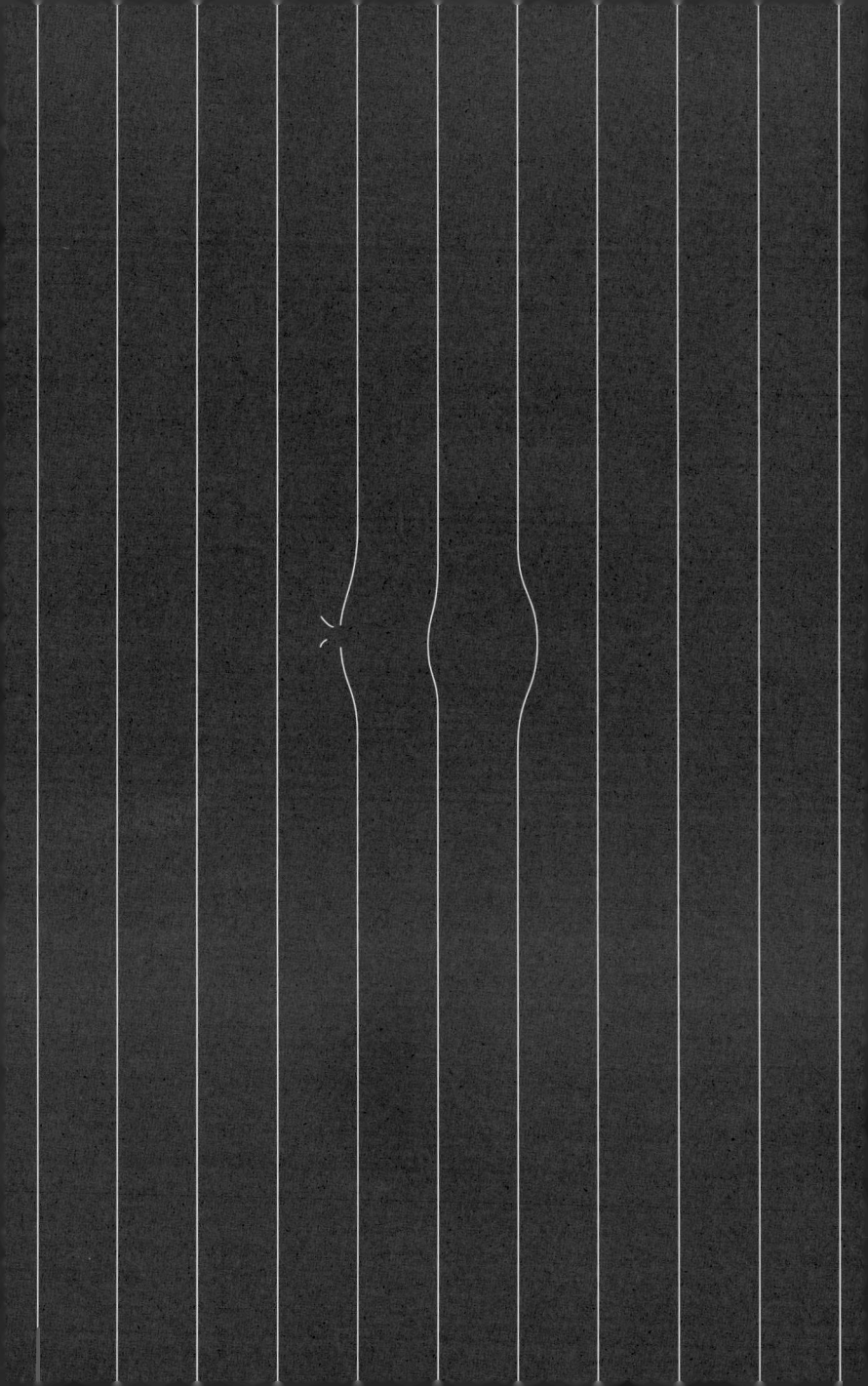

Mind hammer